Kränze

SCHMÜCKEN DAS GANZE JAHR

Kränze

SCHMÜCKEN DAS GANZE JAHR

SUSANNA MORRISON

BECHTERMÜNZ VERLAG

Für meine Tochter Polly

Originaltitel: Seasonal Wreaths
Originalverlag: Ebury Press, London

Ins Deutsche übertragen von Wiebke Krabbe

Deutsche Erstausgabe

Gesamtherstellung: Druckerei Appl, Wemding
Printed in Germany
ISBN 3-8289-1527-2

Inhalt

Einleitung

Das Faszinierende an der Arbeit mit Blumen ist, daß keine Woche im Jahr der anderen gleicht. Jede Jahreszeit hat ihre eigenen Freuden. Selbst heute, wo viele Blumen aus allen Ländern der Welt eingeflogen werden, gibt es kaum etwas Schöneres als einen Kasten voll einheimischer Ranunkeln vom Wochenmarkt. Jedes Jahr freue ich mich über die leuchtenden Blüten, zart wie Seidenpapier. Denken Sie auch an große Sträuße von Hagebutten und Brombeeren oder Zweige mit feurig roten Blättern, geschnitten an einem klaren Herbstnachmittag. Solche Bilder hatte ich im Kopf, als ich mit diesem Buch begann.

Meist denkt man bei Kränzen an die Adventszeit. Sie werden aber sehen, daß phantasievolle Kränze zu allen Gelegenheiten des Jahres passen. Im Grunde ist ein Kranz ein dekorativer Ring, der aus nahezu jedem Material gebunden werden kann. Zuerst erschienen mir dreißig verschiedene Kränze für ein einziges Buch erschreckend viel. Ich merkte aber bald, wie viele Varianten und Materialien es gibt, und so dauerte es nicht lange, bis ich mich entscheiden mußte, welche Ideen in das Buch aufgenommen werden sollten.

Kränze sind seit langer Zeit beliebt. Schon die Römer belohnten den Sieger bei sportlichen Wettkämpfen mit einem Lorbeerkranz. Jahrhundertelang hängte man Kränze aus getrockneten Blumen und Kräutern an die Türen, um böse Geister fern zu halten. Die Kreisform symbolisiert Unendlichkeit, Wiedergeburt und

Fruchtbarkeit und hat noch heute in vielen religiösen Zeremonien Bedeutung. Man denke nur an den Ehering, der als Zeichen der Dauerhaftigkeit von vielen Paaren getauscht wird.

Viele Kränze in diesem Buch eignen sich sehr gut als Geschenk, vielleicht zur Einweihung einer neuen Wohnung oder im Hinblick auf die ganz persönlichen Neigungen des Empfängers. Schenken Sie doch einem passionierten Gärtner einen Kranz, der mit Samentütchen dekoriert ist, oder einem jungen Mädchen einen Kranz mit Haarspangen und kleinen Schmuckdöschen. Kränze können, ganz nach Geschmack, schlicht oder aufwändig gestaltet sein, als haltbare Dekoration oder zum Verbrauchen – die Möglichkeiten sind schier unbegrenzt.

Ich hoffe, daß Sie in diesem Buch einige Vorschläge zum Nacharbeiten finden werden. Vor allem aber wünsche ich mir, daß Sie zum Ausprobieren eigener Ideen inspiriert werden.

Susanna Morrison

Frühling

Der Frühling ist eine magische Zeit. Wenn die Welt aus dem Winterschlaf erwacht, hängen die Zweige plötzlich voller Blüten, und Narzissen lassen überall im Land ihre gelben Trompetenblüten leuchten. Der Duft von Hyazinthen und der Gesang der Vögel im ersten blassen Morgenlicht verbreiten ein Gefühl der Erneuerung und Wiedergeburt.

MATERIAL
herzförmiger Rohling aus Steckschaum (40 cm)
rosa oder rot eingefärbtes Moos
Steckdrähte, mittlere Stärke
je 20 Blüten der folgenden oder ähnlicher Rosensorten:
Vicky Brown, Valerie, Bianca, Wendy, Red Ace, Grand Prix

Zum Valentinstag

Mit diesen üppigen, edlen Kränzen erobern Sie alle Herzen. Duftende Blüten in zartem Rosa, sattem Dunkelrot und cremigem Weiß fügen sich dicht an dicht zu einer kompakten Girlande. Die kleineren Herzen eignen sich gut als Tischdekoration oder Geschenkanhänger. Diese Kränze kann man auch trocknen und als bleibende Erinnerung an einen romantischen Tag aufbewahren.

1 Entfernen Sie alle Blätter von den Rosenstielen. Stellen Sie die Blumen dann bis knapp unterhalb der Blüten in kühles Wasser. Die Rosen sollten mindestens 12 Stunden gewässert werden.

2 Legen Sie den Schaumrohling für einige Minuten in Wasser. Biegen Sie die Steckdrähte in der Mitte U-förmig um, und befestigen Sie damit kleine Klümpchen Moos. Die inneren und äußeren Plastikränder des Rohlings sollten völlig verdeckt sein.

3 Schneiden Sie die Stiele der größten Rosen (hier die rote *Grand Prix*) auf 7,5 cm zurück. Stecken Sie die Stiele gleichmäßig verteilt in den Schaum.

4 Nun die weißen Rosenblüten *(Bianca)* in gleichmäßigen Abständen stecken, dann die übrigen Sorten. Die Lücken füllen Sie mit Polyantharosen. Den Kranz leicht mit Wasser einnebeln.

Kleine Herzen

MATERIAL
2 Steckdrähte
1m Organza oder Zierband mit Drahtkante
5 Stiele Polyantharosen (z. B. *Red Ace*)

1 Aus einem Steckdraht eine V-Form, aus dem anderen die obere Hälfte des Herzens biegen. In der oberen Mitte ein ca. 50 cm langes Stück Band befestigen.

2 Fädeln Sie die Rosenblüten knapp unterhalb der Blütenblätter auf die Drähte. Dabei dürfen die Blüten nicht beschädigt werden.

3 Schieben Sie die Blüten dicht an dicht zusammen. Das ist besonders wichtig, wenn Sie die Kränze aufbewahren wollen: Die Blüten schrumpfen beim Trocknen. An den Enden bleiben jeweils 2,5 cm Draht frei.

4 Setzen Sie nun die Hälften zusammen, indem Sie die Drahtenden in die Blüten des gegenüberliegenden Teiles schieben. Mit einer Schleife verzieren.

Osterkranz

Im Frühling leuchten das Orange und Lila der Krokusse, das Pink und Blau der Hyazinthen. Es kann einfach kein Zufall sein, daß nach einem langen, kalten Winter gerade die Frühlingsblüher so intensive Farben zeigen. Dieser Kranz aus gelben Narzissen, gesprenkelten Wachteleiern, Kätzchen und duftenden Tazetten fängt die ganze Lebendigkeit des Frühlings ein. Als stilvolles Ostergeschenk könnten Sie die echten Eier durch Schokoladeneier ersetzen. Eine größere Version des Kranzes an der Haustür verbreitet nach den dunklen Monaten Frühlingsstimmung.

MATERIAL

3 Enteneier (Feinkostgeschäft)
8 Wachteleier (Feinkostgeschäft)
Steckdrähte, mittelstark und fein
2 Bund Traubenhyazinthen
2 Bund Narzissen
2 Bund gelbe Ranunkeln
1 Bund weiße Tazetten
Kranzrohling aus Steckschaum, 30 cm Ø
einige Federn
Zweige mit frischem Laub, z. B. Weide und Hasel mit Kätzchen, Forsythie, Buche, blühende Obstzweige
3 längere Ranken Efeu
scharfe Schere

1 Blasen Sie zuerst die Eier aus (siehe Seite 33, Schritt 1), dann befestigen Sie vorsichtig an jedem Ei ein Stück Draht (siehe Seite 114).

2 Die Traubenhyazinthen werden mit einem gedoppelten Draht stabilisiert. Narzissen, Ranunkeln und Tazetten ebenfalls drahten (siehe Seite 112 und 113).

3 Legen Sie den Kranzrohling einige Minuten lang in Wasser. Arrangieren Sie dann zuerst die Enteneier als Gruppe auf dem Kranz. Von hier ausgehend werden nun die Blüten und Blätter befestigt. Arbeiten Sie von den Enteneiern aus gleichmäßig nach rechts und links weiter, bis die Halbkreise auf der gegenüberliegenden Seite zusammentreffen.

4 Anschließend werden die Wachteleier und die Federn in gleichmäßigen Abständen verteilt. Der fertige Kranz wird mit Efeuranken umschlungen und sorgfältig mit kühlem Wasser eingesprüht.

Zur Taufe

Besonders in Frühjahr ist die Taufe eines Kindes ein wunderschönes Ereignis. Das blütenweiße Taufkleid paßt ebenso zur Jahreszeit wie das symbolische Anzünden des Lebenslichtes. Dieser Kranz ist für die Taufe eines kleinen Jungen gedacht. Vor den verschiedenen blauen Blüten wirken die duftigen Ranunkeln wie zarte Wolken.

MATERIAL

2 Hortensienblüten
1 Bund Rosmarin
5 blühende Obstzweige
10 Stiele Schneeball
1 Strauß Flieder
15 cremefarbene Rosen (z. B. Eskimo)
1 Bund Ranunkeln
3 Stiele blaue Statice
3 Bund blaue Scilla
3 Bund weiße Scilla
5 Bund Traubenhyazinthen
mittelstarke Steckdrähte
Kranzrohling aus Steckschaum, 36 cm Ø

1 Stellen Sie die Blüten und Zweige zur Vorbereitung in Wasser (siehe Seite 110-111).

2 Zerlegen Sie die Hortensienblüten in je drei Teile, die einzeln gedrahtet werden (siehe Seite 112-114).

3 Legen Sie den Schaumkranz einige Minuten lang in Wasser. Stecken Sie nun, am äußeren Rand beginnend, Rosmarin, Obstblüte, Schneeball und Flieder in den Rohling. Fahren Sie fort, bis der ganze Kranz bedeckt ist. So entsteht ein grüner Hintergrund, auf dem die Blüten arrangiert werden.

4 Als nächstes werden die Hortensien in gleichmäßigen Abständen befestigt.

5 Anschließend die Rosen, Ranunkeln und Staticen auf dem Kranz anordnen. Zum Schluß werden die Lücken mit Scilla und Traubenhyazinthen gefüllt. Der fertige Kranz wird mit kühlem Wasser eingesprüht.

Leuchter mit Blütenkranz

Ranunkeln gehören zu den Hahnenfußgewächsen, sind also mit dem Butterblumen verwandt. Anders als ihre bescheidenen gelben Verwandten kommen die Ranunkeln aber in einer Vielzahl von leuchtenden Farben vor: von scharlachrot bis pfirsichfarben, von zitronengelb bis violett. So eignen sich diese Frühlingsblüher für wunderbar lebhafte Arrangements.

Dieser Kranz, maßgeschneidert für den Sockel eines Tischleuchters, paßt gut zu einem Fest in der Karnevalszeit: Die Blüten sind bunt wie ein Harlekinskostüm.

MATERIAL
10 Bund Ranunkeln
3 Bund Narzissen
20 orangerote Rosen
Rosenschere
mittelstarke Steckdrähte (bei Bedarf)
Kranzrohling aus Steckschaum, 25 cm Ø

1 Zuerst werden die Blüten vorbereitet (siehe Seite 110-111). Die Ranunkeln werden wie Tulpen behandelt, die Narzissen sollten Sie separat vorbereiten.

2 Der Kranzrohling wird einige Minuten lang in Wasser eingeweicht.

3 Der fertige Kranz soll wie ein kompakter Ring aus lauter Blüten wirken. Beginnen Sie mit den Narzissen, um ihm Kontur zu verleihen. Kürzen Sie 8 Stiele auf ca. 15 cm, und stecken Sie sie senkrecht in den inneren Rand des Ringes. Wenn die Blütenstiele sehr dünn sind, müssen sie eventuell gedrahtet werden.

4 Weitere 12 Narzissen werden auf ca. 14 cm gekürzt und waagerecht in den äußeren Rand des Kranzes geschoben.

5 Schneiden Sie die übrigen Narzissen auf ca. 15 cm Länge zurecht, und stecken Sie sie leicht schräg in die Mitte des Ringes. Jetzt haben Sie ein Skelett, um das die anderen Blüten arrangiert werden können.

6 Verteilen Sie die Rosen gleichmäßig, dann alle Zwischenräume mit Ranunkeln auffüllen. Arbeiten Sie sich dabei in einzelnen Abschnitten vor. Vorsicht beim Stecken: Die Stiele der Ranunkeln sind sehr zart.

7 Den fertigen Kranz mit Wasser einsprühen. Eine hölzerne Tischplatte sollten Sie gegen die Feuchtigkeit schützen.

Primel-Kranz

Nach langen, grauen Monaten hält der Frühling mit den ersten Zwiebelblumen und leuchtenden Frühblühern Einzug. Frisches Grün und leuchtende Farben verbreiten gute Laune – Krokusse in Lila- und Orangetönen, Narzissen in knalligem Gelb und die vielen Nuancen der Tuberosen.

Dem fröhlichen Charme dieses Kranzes wird sich niemand entziehen können. Er ist so einfach herzustellen, daß auch ein Kind ihn als Muttertagsgeschenk vorbereiten könnte. Da die Pflanzen mit Wurzelballen verarbeitet werden, hält er besonders lange.

MATERIAL

ein alter Kranzrohling, 30 cm Ø

12 Primeln oder andere Einjährige in Töpfchen (z. B. Petunien, Stiefmütterchen oder Tuberosen)

1 Zuerst wird der alte Steckschaum aus dem Kunststoffboden entfernt. Für diesen Kranz ist nur der leere Boden erforderlich.

2 Nehmen Sie die Pflanzen aus den Töpfen, und drücken Sie die Wurzelballen in den Kunststoffring. Setzen Sie die Pflanzen dicht an dicht, bis der ganze Ring ausgefüllt ist. Sorgfältig festdrücken.

3 Gießen Sie den Kranz alle zwei bis drei Tage durchdringend. Welke Blätter und Blüten werden regelmäßig entfernt. Stellen Sie den Kranz auf ein Tablett oder einen Teller, weil die Feuchtigkeit eine hölzerne Tischplatte beschädigen könnte.

Mosaik-Kranz

Mosaiken haben als Dekoration eine uralte Tradition. Die Römer verzierten damit ihre Paläste und die Italiener ihre Kirchen – auch heute noch sind Mosaiken sehr beliebt.

Ursprünglich verwendete man Marmorstückchen, aber auch andere Materialien eignen sich gut. Für diesen Kranz wurden Mosaikscherben aus weißem und farbigem Glas, Keramik und Porzellan verarbeitet. Auch Muscheln, Münzen, Eierschalen und Kieselsteine können hinzugefügt werden. Dieser Kranz paßt gut ins Badezimmer, vielleicht mit einigen Naturschwämmen oder kleinen Treibholz-Stücken in der Mitte.

1 Umwickeln Sie den Drahtrohling mit zusammengeknülltem Zeitungspapier.

2 Rühren Sie den Gips nach Packungsanweisung an. Tauchen Sie einen Streifen Stoff in den Gips, und wickeln Sie ihn anschließend um den Kranz. Verarbeiten Sie so einen Stoffstreifen nach dem anderen, bis der Kranz ganz bedeckt ist. Den Gips gut trocknen lassen, dann den Vorgang noch einmal wiederholen.

3 Legen Sie die Mosaikteile auf einer Arbeitsfläche kreisförmig im gewünschten Muster aus. Jetzt können Korrekturen und Änderungen noch leicht vorgenommen werden

4 Streichen Sie ein kleines Stück des Kranzes mit Fliesenkleber ein, und drücken Sie die Mosaikteile fest hinein. Fahren Sie fort, bis der ganze Kranz bedeckt ist. Anschließend den Kleber trocknen lassen.

5 Füllen Sie alle Lücken mit Fliesenkleber aus, danach wischen Sie die Mosaikteilchen mit dem Lappen sauber. Nochmals alles trocknen lassen.

6 Verdünnen Sie den Emaillelack mit Terpentin im Verhältnis 1:2, und streichen Sie den Kranz großzügig damit ein. Wieder werden die Mosaikteile gesäubert, dann muß die Farbe trocknen.

7 Ziehen Sie mit Heißkleber um einzelne Mosaikteilchen einen Rand. Wenn der Kleber ausgehärtet ist, wird er mit goldfarbenem Filzstift angemalt.

MATERIAL

Kranzrohling aus Draht, 25 cm Ø
alte Zeitungen
ein altes Geschirrtuch oder alten Baumwollstoff, in 2,5 cm breite Streifen geschnitten
1 Liter Modelliergips
kleine Glas- und Porzellanscherben
Mosaikstücke aus farbigem Glas
Fliesenkleber (Fertigprodukt)
Lappen
Emaillelack
Terpentin
Pinsel
Heißklebepistole
goldfarbener Filzstift

Für Nasch-katzen

MATERIAL

Kranzrohling aus Hartschaum, 30 cm Ø
Klarsichtfolie
Klebestreifen
Süßigkeiten, bunt gemischt
Heißklebepistole oder Alleskleber in der Tube
Zahnstocher oder Cocktailspieße (bei Bedarf)

Dieser witzige Kranz ist garantiert der Knüller auf jedem Kinderfest. Wie beim Muschelkranz auf Seite 48 werden hier die Süßigkeiten auf einer stabilen Unterlage befestigt. Seien Sie erfinderisch: Verarbeiten Sie Weingummi, Lakritz und Bonbons in glitzernder Folie. In großen Kaufhäusern kann man Süßigkeiten nach Gewicht selbst zusammenstellen. Manche Sorten sehen so phantastisch aus, daß man sie gar nicht aufessen mag. Die Mitte könnte mit Marshmallows, Lollies oder anderen Kleinigkeiten gefüllt werden.

1 Wickeln Sie den Kranzrohling in Klarsichtfolie, und fixieren Sie sie auf der Unterseite mit Klebestreifen. Auch Alufolie, Seidenpapier oder farbiges Zellophan eignen sich als Umhüllung.

2 Kleben Sie nun Stück für Stück die Süßigkeiten auf. Achten Sie darauf, daß möglichst nicht gleichartige Teile nebeneinander befestigt werden.

3 Fahren Sie fort, bis der ganze Kranz bedeckt ist. Damit er plastischer wirkt, werden einzelne Süßigkeiten in einer lockeren zweiten Schicht befestigt.

4 Wenn der Kranz für ein Kinderfest gedacht ist und geplündert werden darf, verwenden Sie nur eingewickelte Süßigkeiten, und befestigen Sie diese mit Zahnstochern. Vorsicht: Kleinere Kinder könnten sich mit den Zahnstochern verletzen.

Federkranz

MATERIAL

5 Hühnereier
Stopfnadel
kleine Schüssel
mittelstarke Steckdrähte
ein Block Steckschaum oder Styropor
Emaillelack und Mattlack in 5 verschiedenen Farben
Pinsel
Terpentin (zum Reinigen der Pinsel)
5 biegsame Zweige, z. B. Birke
Bindedraht
Schere
gefärbte und natürliche Federn, insgesamt ca. 140 Stück
5 Stücke schmales Satinband, je ca. 50 cm lang
Heißklebepistole oder Alleskleber in der Tube
1m Tüllband, 5 cm breit
1m Leinenband, 5 cm breit

Wenn der Kreis als Symbol der Unendlichkeit gilt, ist es nur schlüssig, einen Kranz aus Eiern und Federn zu winden. Die Eier stehen dabei für den Beginn des Lebens, die Federn für die Kontinuität, mit der Altes durch Neues ersetzt wird. Auch Vögel bauen Federkränze, wenn sie ihre Nester mit Federn auspolstern. Jede Art von Federn ist geeignet: Fasanenfedern, Taubenfedern, sogar Pfauenfedern.

1 Zuerst werden die Eier ausgeblasen. Hierzu waschen Sie die Schalen gründlich ab und stechen oben und unten mit der Stopfnadel je ein Loch hinein. Schieben Sie die Nadel einmal durch das Ei, um das Dotter aufzustechen. Nun das Ei über die Schüssel halten und kräftig hineinpusten, bis der gesamte Inhalt in die Schüssel geflossen ist. Die Eierschalen gründlich ausspülen und trocknen lassen.

2 Zum Bemalen der Eier einen Steckdraht durch ein Loch hineinschieben. Das andere Ende des Drahtes wird in den Styroporklotz gesteckt. So brauchen Sie die Eier beim Anmalen nicht mit der Hand zu berühren. Jedes Ei in einer anderen Farbe bemalen und gut trocknen lassen.

3 Nun zwei Birkenzweige so zusammenfügen, daß jeweils das obere Ende des einen das untere Ende des anderen überlappt. Die Ansatzstellen mit Blumendraht fest zusammenbinden.

4 Fügen Sie die weiteren Zweige jeweils überlappend dazu, und umwickeln Sie auch deren Ansatzstellen mit Draht. Es soll ein stabiler Kranz mit etwa 30 cm Durchmesser entstehen.

5 Binden Sie drei oder vier Federn mit Blumendraht zusammen, und befestigen Sie sie am Kranz. Der Draht wird nicht abgeschnitten. Fügen Sie weitere Federn überlappend hinzu. Zur Befestigung der Federn wird der Draht fortlaufend spiralförmig um den Kranz gewickelt. Arbeiten Sie so weiter, bis der ganze Kranz bedeckt ist.

6 Binden Sie um zwei Eier Schleifen aus schmalem Band. Dann kleben Sie alle Eier am Kranz fest.

7 Aus Tüll- und Leinenband werden dekorative Schleifen gebunden und mit Drähten am Kranz befestigt. Zum Schluß die restlichen Satinbänder hinter den großen Schleifen ankleben.

Sommer

Wenn die Tage länger werden, wiegen sich Mohnblüten und Butterblumen im Wind zwischen den ersten goldenen Kornähren. Im Sommer zeigen sich die Blumen von ihrer farbenprächtigsten Seite. Wenn an milden Abenden Pfingstrosen, Phlox und Geißblatt ihren süßen Duft verströmen, kann man sich keine schönere Jahreszeit vorstellen.

Sonnenblumen

Es gibt kaum einen schöneren Anblick als die Sonnenblumenfelder der Provence mitten im Juli. So weit das Auge reicht, wenden sich schwere gelbe Blütenköpfe der Sonne zu. Das warme Leuchten dieser Blumen läßt selbst trübe Tage sonnig erscheinen.

Dieser Kranz eignet sich als sommerlicher Türschmuck, aber auch als stilvolle Dekoration für eine Hochzeit im Hochsommer. Kleinere Kränze könnten die Brautjungfern als Haarschmuck tragen.

MATERIAL

2 große Eimer
Zeitungspapier
10 Sonnenblumen
8 gelbe Rosen
10 Stiele gelbe Inkalilien
10 Stiele Johanniskraut
10 Stiele gelbe Buschrosen
1 Bund Getreide
Zweige verschiedener Laubsorten
8 Ranken kleinblättrigen Efeu
scharfe Rosenschere
starke, mittelstarke und feine Steckdrähte
Kunststoffring mit 34 cm Ø (alternativ einen kleinen Hula-Hoop-Reifen)
grünes Floristen-Klebeband
Bast

1 Zuerst werden die Blumen vorbereitet. Die Blätter vom Stiel abstreifen, dann die Stiele schräg anschneiden und die Blumen mindestens 12 Stunden bis knapp unter den Kopf in Wasser stellen. Die Köpfe der Sonnenblumen sollten locker in Zeitungspapier gewickelt werden, damit sie nicht abknicken.

2 Die Sonnenblumen und die gelben Rosen werden auf etwa 10 cm Stiellänge gekürzt und gedrahtet (siehe Seite 113).

3 Kürzen Sie dann die übrigen Blumen auf die gleiche Länge, und arrangieren Sie sie zu 30 gemischten Sträußchen. Jedes Sträußchen wird einzeln gedrahtet. Auch das Getreide wird auf 10 cm gekürzt. Bündeln Sie je vier bis fünf Ähren mit einem Draht.

4 Befestigen Sie zuerst die Sonnenblumen mit Floristen-Klebeband am Ring. Wickeln Sie dabei das Klebeband so oft um den Ring, bis der gesamte Draht an der Blüte verdeckt ist. Im Anschluß befestigen Sie ein gemischtes Sträußchen, ein Sträußchen Getreide, eine gelbe Rose, ein gemischtes Sträußchen und wieder eine Sonnenblume. Fahren Sie so fort, bis noch etwa 10 cm des Ringes frei liegen. Fixieren Sie die Sträuße leicht angeschrägt, so daß auch die Seiten des Ringes verdeckt werden. Vor allem bei Haarkränzen ist das sehr wichtig.

5 Binden Sie zum Schluß eine üppige Bastschleife um das freie Stück des Ringes.

6 Für einen Haarkranz drehen Sie zwei mittelstarke Steckdrähte zu einem Ring im gewünschten Kopfumfang zusammen. Die Blüten und Blätter werden wie beim großen Ring befestigt, nur verarbeiten Sie sie in diesem Fall einzeln. Sonnenblumen sind zu groß, sie können durch gelbe Gerbera ersetzt werden.

Sommer-Früchtchen

Wenn die Sonne untergegangen ist, bleibt am Sommerhimmel manchmal noch lange ein rotes Leuchten zurück. Dieses Leuchten spiegelt sich in den saftigen Beeren und Früchten dieses Kranzes wider. Als ideale Dekoration für ein sommerliches Büfett könnte er den Fuß einer Tortenplatte zieren. Eine Schale voll Eiswasser mit Rosenblüten paßt in seine Mitte.

Um diese Jahreszeit ist die Auswahl frischer Beeren so groß, daß der Kranz abwechslungsreich gestaltet werden kann. Zum Essen ist er allerdings nicht geeignet.

MATERIAL

Kranzrohling aus Hartschaum, 25 cm Ø
Klarsichtfolie
2 Päckchen Zahnstocher oder Cocktailspieße
verschiedene Sommerfrüchte, z. B.:
Kiwano (Höckermelone)
5 gelbe Pflaumen
5 rote Pflaumen
2 kleine Äpfel
7 Kumquats
2 Schälchen Erdbeeren
2 Schälchen Brombeeren
1 Schälchen Himbeeren
1 Schälchen Blaubeeren
1 Schälchen Kapstachelbeeren (Physalis)
1 Schälchen Preiselbeeren
2 Schälchen rote Johannisbeeren

1 Wickeln Sie den Kranzrohling in Klarsichtfolie ein. So kann er keinen Fruchtsaft aufsaugen, und die Früchte bleiben länger frisch.

2 Befestigen Sie zuerst die Kiwanos oder die anderen größeren Früchte auf dem Kranz. Stecken Sie Zahnstocher in die Unterseite der Früchte, und drücken Sie diese in den Kranzrohling. Für größere Früchte benötigen Sie zwei oder drei Zahnstocher. Anschließend die kleineren Früchte befestigen.

3 Die Beeren werden mit einzelnen Zahnstochern fixiert. Beginnen Sie mit den Erdbeeren. Zum Schluß arrangieren Sie Rispen von roten Johannisbeeren auf dem Kranz.

Gemüsekranz

Es ist schwer zu sagen, wann Gemüse zuerst als Dekoration verwendet wurde. Aber ich denke gern an den Film *Withnail and I*, in dem Onkel Monty ein Radieschen im Knopfloch trug und damit sehr charmant aussah. Er fand Gemüse viel schöner als Blumen.

Obwohl ich nicht uneingeschränkt seiner Ansicht bin, finde ich doch, daß die vielen faszinierenden Gemüse aus aller Welt optisch überaus reizvoll sind. Dieser Kranz wurde ganz und gar aus kleinen Gemüsesorten zusammengestellt, ist allerdings nur zur Dekoration gedacht.

MATERIAL

Kranzrohling aus Schaum, 36 cm Ø
Klarsichtfolie
verschiedenes Miniatur-Gemüse, z. B.:
1 Päckchen kleinblättriger Winterkohl
1 Kopf Brokkoli
1 Kopf Blumenkohl
6 Zwergpaprika
6 Zwergauberginen
1 Schälchen Cherry-Tomaten
1 Schälchen Perlzwiebeln oder Schalotten
3 Chilies
12 Köpfchen Rosenkohl
2 Bund Lauchzwiebeln
9 kleine Teltower Rübchen
2 Bund Babymöhren
1 Bund Radieschen
1 Knolle Fenchel
mittelstarke Steckdrähte

1 Zuerst wird der Kranzrohling mit Klarsichtfolie eingewickelt.

2 Binden Sie je drei Kohlblätter mit gedoppeltem Draht (siehe Seite 112) zu kleinen Bündeln, und schieben Sie diese in den Kranzrohling. Auch die inneren und äußeren Kanten sollten mit Blättern verdeckt sein.

3 Nun teilen Sie Blumenkohl und Brokkoli in Röschen. Radieschen, Möhren und Rübchen werden in Dreiergruppen gebündelt, alle übrigen Gemüsesorten werden einzeln gedrahtet. Die Fenchelknolle wird vor dem Drahten halbiert.

4 Die Steckdrähte haarnadelförmig umbiegen und damit die Gemüsebündel überlappend befestigen. Ordnen Sie die Bündel schräg an.

5 Die beiden Fenchelhälften werden in der unteren Mitte des Kranzes befestigt.

6 Mit den restlichen Gemüsesorten wird der Kranz vollendet. Füllen Sie alle Lücken, bis der Rohling nicht mehr zu sehen ist. Achten Sie auf Abwechslung bei Farben, Sorten und Strukturen.

7 Besprühen Sie den fertigen Kranz mit kaltem Wasser. Bis zum Aufhängen sollte er kühl aufbewahrt werden.

Lavendelkranz

Lavendel ist wegen seines herrlichen Duftes berühmt. Dieser rustikale Kranz paßt gut an eine Kleiderschranktür aus Kiefernholz oder auf eine Kommode. Sein Duft erfüllt den ganzen Raum.

Die Blüten sind einfach zu trocknen. Pflücken Sie den Lavendel an einem trockenen Tag, und hängen Sie ihn in kleinen Sträußchen an einem warmen, luftigen Ort auf. Die Blüten sollten noch nicht vollständig geöffnet sein, sonst fallen sie beim Trocknen leicht ab. Beginnt der Duft nach vielen Monaten zu verfliegen, kann er mit ein paar Tropfen Lavendelöl wieder aufgefrischt werden.

MATERIAL

30 kleine Sträuße Lavendel
Schere
Blumendraht auf der Rolle
Kranzrohling aus Draht, 25 cm Ø
1 m Bast
1 m breites, rotes Kreppband

1 Kürzen Sie zuerst die Stiele aller Lavendelsträußchen auf ca. 10 cm.

2 Legen Sie ein Sträußchen nach dem anderen überlappend auf den Drahtrohling, und umwickeln Sie die Stiele spiralförmig mit dem Blumendraht, bis der ganze Kranz locker von Blüten umschlossen ist.

3 Flechten Sie aus dem Bast einen Zopf, und ‚nähen' Sie ihn mit einem Stück Blumendraht am Kranz fest.

4 Zum Schluß binden Sie aus dem roten Kreppband eine dicke Schleife und befestigen sie am oberen Ende des Kranzes.

Frische Küchenkräuter

MATERIAL

Kranzrohling aus Schaum, 25 cm Ø
mittelstarke Steckdrähte
Klarsichtfolie
5 Knollen Knoblauch
10 Chili-Schoten
2 Bund Thymian
1 Bund Rosmarin
2 Bund Salbei
Bast
2 Lorbeerzweige
Sphagnum
Sackleinen-Band (nach Wunsch)

So ein Kräuterkranz fängt wunderbar die Düfte des Sommers ein. Er wird gebunden, wenn die Kräuter überall üppig sprießen und trägt die Erinnerung an milde Sommertage bis in den Winter. Alle verwendeten Kräuter lassen sich gut trocknen. Da sie in kleinen Bündeln befestigt werden, kann man sie leicht ersetzen, wenn sie verbraucht sind. Auch Oregano und Zitronengras sehen in einem solchen Kranz schön aus.

1 Drehen Sie aus Steckdraht eine Öse zum Aufhängen, und befestigen Sie diese an der Rückseite des Kranzes (siehe Seite 115). Wickeln Sie dann den Rohling in Klarsichtfolie.

2 Drahten Sie Knoblauch und Chilies (siehe Seite 113), und ordnen Sie diese gleichmäßig auf dem Kranz an.

3 Binden Sie mit einzelnen Bastfäden je drei bis vier Stengel Thymian, Salbei und Rosmarin zu kleinen Bündeln zusammen. Schieben Sie einen Steckdraht durch den Bast auf der Rückseite jedes Bündels, und biegen Sie ihn haarnadelförmig um. Stecken Sie diese Bündel zwischen Knoblauch und Chilies in den Kranz.

4 Zupfen Sie die Lorbeerblätter von den Zweigen, und drahten Sie je drei oder vier von ihnen zusammen. Schieben Sie die Blätter zwischen die übrigen Kräuter.

5 Noch sichtbare Lücken werden nun mit kleinen Moosklumpen ausgefüllt, die mit haarnadelförmig zurechtgebogenen Drähten festgesteckt werden.

6 Der fertige Kranz kann noch mit einer Schleife aus Sackleinen-Band oder Bast verziert werden.

Muschelkranz

Wer kommt nicht vom Strandspaziergang mit Jackentaschen voller Muscheln, Schneckenhäuser und anderer Schätze zurück? Hier wird gezeigt, wie Sie all diese Fundstücke dekorativ verwerten können. Auch Treibholzstückchen, Strandkiesel oder getrocknete Algen passen dazu.

MATERIAL

Hartfaserplatte oder feste Pappe
Kranzrohling aus Hartschaum
Schere oder Säge
Heißklebepistole oder Alleskleber in der Tube
Malerkrepp
verschiedene Muschelschalen und anderes Strandgut
Klarlack, seidenmatt
Pinsel

1 Benutzen Sie den Kranzrohling als Schablone, um einen Ring auf die Pappe oder Hartfaserplatte zu zeichnen. Diese wird ausgesägt und dient als stabilisierende Rückwand.

2 Kleben Sie die Rückwand auf den Schaumring, und umwickeln Sie beides fest mit Kreppklebeband, so daß der recht schwere Kranz einen stabilen Unterbau erhält. Befestigen Sie auch eine Öse zum Aufhängen.

3 Nun werden die Muscheln und übrigen Fundstücke mit Heißkleber auf dem Unterbau befestigt.

4 Auch die Innen- und Außenseiten des Kranzrohlings werden beklebt. Füllen Sie alle Lücken mit kleinen Muscheln oder Steinchen aus.

5 Der fertige Kranz wird mit zwei Schichten Klarlack geschützt. Zwischen den Anstrichen muß der Lack gut trocknen.

MATERIAL

12 pinkfarbene Päonien
12 dunkelrosa Rosen
verschiedene Blätter
20 Stiele Frauenmantel
10 Stiele Kälberkropf
10 Stiele rosa Wicken
10 Stiele Maiglöckchen
3 Stiele cremefarbene Malven
Rosenschere
Kranzrohling aus Schaum (feucht), 36 cm Ø

Sommerlicher Tafelschmuck

Zur Zeit der Sommersonnenwende blühen einige der schönsten Blumen. Die Vielfalt von Düften und Farben ist geradezu überwältigend. Dieser Sommerkranz vereint die Farben eines blühenden Sommerbeetes: zarte Rosé- und Fliedertöne, dazu leuchtendes Pink.

Als Dekoration auf einer weißen Tischdecke – zwischen Windbeuteln, frischen Erdbeeren und duftendem Kaffee – sieht dieser Kranz einfach perfekt aus.

1 Bereiten Sie alle Blüten und Laubzweige vor (Anleitung siehe Seite 110-111). Legen Sie den Schaumkranz für einige Minuten in eine Schüssel mit Wasser.

2 Zuerst werden die Päonien und Rosen auf dem Ring angeordnet, so daß die Blüten nach innen und außen geneigt sind. Denken Sie daran, daß der Kranz von allen Seiten zu sehen sein wird.

3 Die Stiele der kleineren Blüten auf ca. 15 cm zurückschneiden. Nun zuerst die Außenseite des Kranzes mit Blättern und kleinen Blüten bestecken.

4 Nach und nach die übrigen Blüten und Blätter hinzufügen. Der fertige Kranz wird mit Wasser eingesprüht. Zum Schutz von Tisch und Tischtuch sollten Sie den Kranz auf einen Teller legen.

Brautjungfern-Korb

Es gibt nichts Romantischeres als eine Hochzeit im Sommer, wenn die Rosen in voller Blüte stehen und sich abends der Duft von Wicken und Geißblatt mit dem Geruch von frisch gemähtem Heu verbindet.

Besonders reizend bei einer Hochzeit sind die Brautjungfern. Die Phantasie jedes Floristen verliert sich gern in märchenhaften Kompositionen, seien es duftende Pomander, Haarkränze mit wehenden Bändern oder Blumenkörbe. Dieser Korb ist mit seiner Füllung aus türkischem Honig in Weiß und Rosa leicht genug, daß ihn auch ein ganz kleines Mädchen tragen kann.

MATERIAL

feine und mittelstarke Steckdrähte

ein kleiner Weidenkorb, etwa 24 cm x 18 cm

14 Strauchrosen (Porcelain oder ähnliche Sorte)

20 Traubenhyazinthen

14 Wickenblüten

20 kleine Efeublätter

10 Rosenblätter

3 m schmales Band

Floristen-Klebeband

Türkischer Honig, kandierte Rosenblüten oder ein kleines Spielzeug (als Füllung für den Korb)

1 Biegen Sie einen Steckdraht so zurecht, daß er um die Hälfte des Korbrandes paßt. Eventuell muß ein zweiter Draht angesetzt werden. Bereiten Sie einen zweiten Drahtbogen in der gleichen Größe vor. Auf diesen Bögen wird die Girlande für den Korbrand aufgebaut.

2 Alle Blüten und Blätter werden einzeln gedrahtet (siehe Seite 112).

3 Schneiden Sie sechs Stücke Band von je 28 cm Länge zu. Binden Sie daraus Schleifen, und befestigen Sie an jeder einen feinen Draht.

4 Kleben Sie mit Floristenband eine Rosenblüte am ersten Drahtbogen fest. Überlappend folgen eine Wicke, eine Traubenhyazinthe, ein Efeublatt, eine Schleife, eine Rosenblüte usw. Fahren Sie fort, bis nur noch 2,5 cm des Drahtringes frei liegen. In der gleichen Weise wird der zweite Drahtbogen dekoriert.

5 Mit feinen Drähten wird die Girlande am Rand des Korbes befestigt. Zupfen Sie die Blüten behutsam zurecht, bis alle Drähte verdeckt sind.

6 Befestigen Sie nun auch die zweite Hälfte der Girlande. Es ist einfacher, eine geteilte Girlande zu arbeiten. Die Blüten sind recht schwer, und ohne die Stabilität des Korbes ist eine längere Girlande sehr schwierig zu handhaben.

7 Winden Sie das restliche Band um den Griff, und binden Sie an beiden Enden dekorative Schleifen. Zum Schluß wird der Korb nach Geschmack gefüllt.

MATERIAL

3 gelbe Paprikaschoten
7 Kohlblätter
mittelstarke Steckdrähte
Kranzrohling aus Schaum (feucht), 30 cm Ø
12 große orangefarbene Rosen
15 Stiele kleinblütige Orchideen
1 Topf Heide
10 Stiele violettes Halskraut
Efeuranken mit Beeren
3 kleine Tonblumentöpfe, 5 cm hoch
Brombeeren, Blaubeeren und Kastanien
9 Zwergpaprika
Rosenschere

Kranz in Herbstfarben

Meist assoziieren wir mit dem Herbst Rot-, Orange- und Brauntöne. Aber auch Violett und dunkles Rosa gehören zu dieser Jahreszeit. Manche Beeren haben ein so dunkles Violett, daß man es für schwarz halten möchte. Herbstastern, Heide und der originelle Zierkohl, der mit Rosenblüten durchaus mithalten kann, leuchten in warmen Violett- und Rosatönen. In diesem Kranz geben sich die prächtigen Herbstfarben ein harmonisches Stelldichein.

1 Zuerst werden die Paprikaschoten und Kohlblätter gedrahtet. Lösen Sie ein Kohlblatt vom Kopf, und schneiden Sie die untere Mittelrippe heraus. Legen Sie das Blatt in Falten, und schieben Sie einen Steckdraht so hindurch, daß die Falten festgehalten werden. Dann den Draht umbiegen und die Enden zusammendrehen.

2 Legen Sie den Schaumkranz einige Minuten lang in Wasser. Verteilen Sie die Paprikaschoten gleichmäßig auf dem Kranz. Dann befestigen Sie die Kohlblätter unterhalb der Paprika.

3 Kürzen Sie Heide, Efeu und Halskraut auf 10 cm, und arrangieren Sie die Zweige, von den Paprikaschoten ausgehend, auf dem Kranz

4 Schneiden Sie die Rosenstiele auf 10 cm zurück, und bündeln Sie je drei Blüten. Diese werden so auf dem Kranz befestigt, daß sie von den Paprikaschoten

weg zeigen. Mit den Orchideenblüten verfahren Sie ebenso.

5 Je ein Draht wird durch das Abzugsloch der Blumentöpfe geschoben, über den Rand gebogen und zusammengedreht. Befestigen Sie die Töpfe auf dem Kranz, und füllen Sie sie mit kleinen Beeren.

6 Zum Schluß werden die Lücken mit Roßkastanien, Zwergpaprika und Brombeeren ausgefüllt.

Herbst

Der Herbst mit seiner Fülle an Früchten, Beeren und Nüssen ist die Zeit der Ernte. Zu dieser Jahreszeit der duftenden Kartoffelfeuer und gerösteten Maroni strahlen die Bäume in flammenden Farben. Und nicht zuletzt ist der Herbst auch eine Zeit der Ruhe, in der sich die Natur langsam auf den Winter vorbereitet.

Erntedank-Kranz

MATERIAL

Kranzrohling aus Schaum (feucht), 36 cm Ø

verschiedene Zweige mit Herbstlaub und Früchten, z. B. Brombeeren, Zieräpfel, Weinreben, Cotoneaster, Hagebutten, Greisenbart, Vogelbeeren

Rosenschere

mittelstarker Blumendraht

5 kleine Weintrauben

7 mittelgroße rote Äpfel

12 rotbraune Rosen *(z. B. Leonardis)*

Ob als Tischschmuck oder zur Dekoration des Taufsteines beim Erntedankgottesdienst vereint dieser Kranz mit farbenprächtigem Laub, leuchtenden Blüten und appetitlichen Früchten die schönsten Seiten des Herbstes. Ein kleinerer Kranz könnte als Geschenk auf jedem Teller bei einem festlichen Essen liegen.

1 Weichen Sie den Schaumkranz 5 Minuten in Wasser ein. Kürzen Sie die Laubzweige auf etwa 15 cm, und streifen Sie die unteren Blätter ab. Stecken Sie die Zweige im Uhrzeigersinn leicht nach unten geneigt um die Außenkante des Kranzes, dicht über dem Kunststoffboden.

2 Etwa 5cm lange Zweige mit Blättern werden entgegen dem Uhrzeigersinn entlang der Innenkante des Kranzes eingesteckt.

3 Dann bedecken Sie nach und nach die gesamte Oberfläche des Rohlings. Wechseln Sie dabei die verschiedenen Laubsorten regelmäßig ab.

4 Drahten Sie die Äpfel und Trauben (siehe Seite 113), und verteilen Sie diese gleichmäßig auf dem Kranz. Legen Sie die Früchte vor dem endgültigen Befestigen zur Probe auf.

5 Zum Schluß werden die Rosen auf 12 cm gekürzt und hinzugefügt. Sie können einzeln gesteckt oder in Dreiergruppen arrangiert werden.

6 Wenn der Kranz als Tischdekoration verwendet wird, sollten auch an den Seiten Rosen, Äpfel und Trauben befestigt werden, damit die Gäste diese im Sitzen sehen können.

Kranz aus Trockenblumen

MATERIAL

6 mittelstarke Steckdrähte
ein alter Tonblumentopf
feine Steckdrähte
5 getrocknete Pilze
5 Walnüsse
getrocknete Rosenblätter
16 Lampionblumen
12 Haselnüsse
5 getrocknete Orangenscheiben
5 Mohnkapseln
12 getrocknete Chili-Schoten
5 Stiele Schafgarbe
Floristen-Klebeband
Heißklebepistole oder Alleskleber in der Tube

Es gibt heutzutage viele wunderschöne Trockenblumen, die mit ihren frischen Verwandten durchaus konkurieren können. Darüber hinaus halten sie viel länger. Auf die Idee für diesen Kranz brachte mich der antike Kübel, dessen Rand er jetzt ziert. Blüten in Tönen, die verwitterter Terracotta ähneln, sind kombiniert mit leuchtendem Orange und Rot. Nüsse, Lampionblumen und Mohnkapseln unterstreichen die herbstliche Atmosphäre. Natürlich gewinnt auch jedes andere Gefäß durch so eine Girlande, z. B. ein Korb, ein Zinkeimer oder eine originelle Kuchenform.

1 Drehen Sie aus den mittelstarken Steckdrähten einen Ring zusammen, der exakt auf den oberen Rand des Topfes paßt.

2 Drahten Sie alle Blüten und Früchte einzeln. Wenn die Blütenstände der Schafgarben zu groß sind, können sie vor dem Drahten geteilt werden.

3 Mit dem Floristen-Klebeband werden nun die Blüten und Früchte auf den Drahtring gewickelt (wie für einen Haarkranz). Die einzelnen Blüten sollten recht dicht sitzen und gelegentlich schräg befestigt werden, damit der Draht komplett verdeckt wird.

4 Wenn der Kranz fertig gebunden ist, legen Sie ihn auf den Rand des Topfes. Kontrollieren Sie, ob kein Draht sichtbar bleibt, und zupfen Sie Blüten und Früchte zurecht. Zum Schluß wird der Kranz auf dem Rand des Topfes festgeklebt.

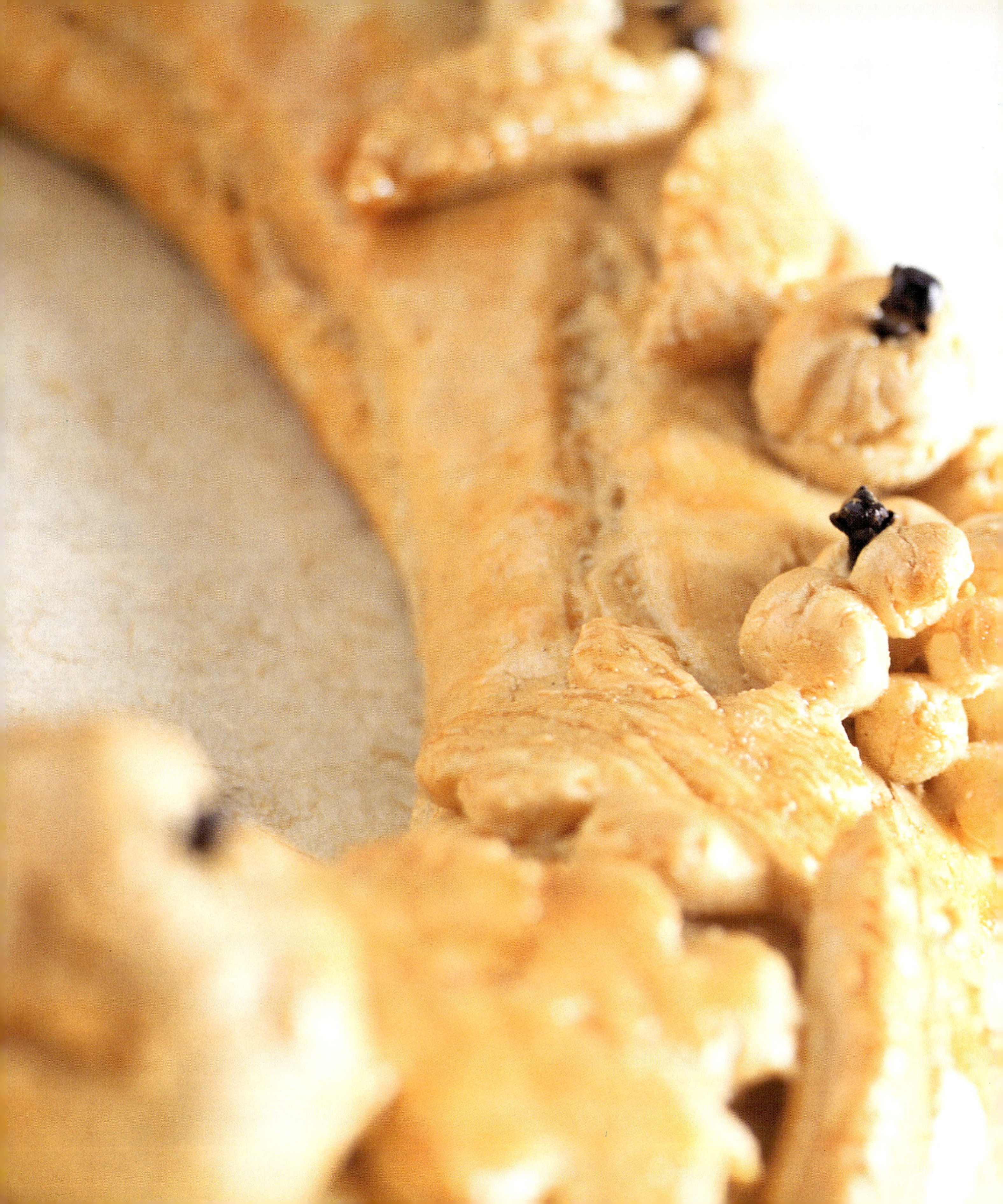

Brotkranz

Der Brotkranz ist seit Urzeiten in vielen Kulturen ein Symbol für Fruchtbarkeit, Leben und Unendlichkeit. Er paßt besonders gut zum Herbst, der Zeit, in der das Getreide heranreift.

MATERIAL

1,5 kg Weizenmehl
4 Teelöffel Salz
30 g Pflanzenfett
30 g Trockenhefe
900 ml lauwarmes Wasser
Backblech
2 verquirlte Eier
Backpinsel
Nudelholz
scharfes Messer
7 Gewürznelken
Klarlack (seidenmatt) und Pinsel
(nach Wunsch)

1 Mehl und Salz in einer großen Schüssel mischen, dann das Fett unterkneten. Hefe und Wasser hinzufügen und alle Zutaten gut vermischen.

2 Legen Sie den Teig auf eine bemehlte Arbeitsfläche, und kneten Sie ihn 5 Minuten lang gründlich durch. Danach den Teig in die Schüssel zurücklegen, mit einem Tuch abdecken und mindestens eine Stunde an einem warmen Platz gehen lassen.

3 Teilen Sie den Teigklumpen in drei gleiche Portionen. Decken Sie eine davon mit einem feuchten Tuch ab, und stellen Sie sie vorerst beiseite.

4 Rollen Sie aus den anderen zwei Portionen eine gleichmäßig dicke Rolle von etwa 75 cm Länge. Formen Sie aus der Rolle einen Ring. Um die Enden zusammenzufügen, feuchten Sie eines leicht an und drücken dann das andere fest darauf.

5 Legen Sie den Kranz auf das Backblech. Jetzt kann die Form bei Bedarf noch einmal korrigiert werden. Dann mit verschlagenem Ei bestreichen.

6 Rollen Sie die Hälfte des restlichen Teiges 5 mm dick aus. Der verbleibende Teig wird wieder mit einem feuchten Tuch abgedeckt. Schneiden Sie verschiedene Blattformen aus, die auf den mit Ei bestrichenen Kranz gedrückt werden.

7 Brechen Sie vom letzten Teigrest kleine Brocken ab. Für die Äpfel rollen Sie Kugeln mit etwa 4 cm Durchmesser, für die Weintrauben werden die Kugeln entsprechend kleiner. Setzen Sie die Früchte auf den Kranz, und bestreichen Sie alles noch einmal mit Ei. Als Stiele werden Gewürznelken in die ‚Äpfel' gedrückt.

8 Schieben Sie den Kranz in den vorgeheizten Backofen (220 °C, Gas Stufe 7). Nach etwa 30 Minuten ist der Teig aufgegangen und goldbraun.

9 Heben Sie den Kranz vorsichtig auf ein Gitterrost, wo er ganz auskühlen soll. Dann kann er gegessen werden. Wollen Sie ihn lieber länger aufbewahren, können Sie ihn mit zwei Schichten Klarlack bestreichen. Dafür muß das Brot aber völlig ausgetrocknet sein, sonst schimmelt es leicht. Zwischen den Anstrichen den Kranz mindestens 24 Stunden trocknen lassen.

MATERIAL

30 cm breite Streifen von
5 verschiedenen karierten Stoffen
herzförmige Pappschablone,
12,5 cm x 12,5 cm
Schere
Stecknadeln
Nadel und Faden
Holzknöpfe, Stickgarn oder Band
Watte aus Baumwolle oder Polyester
Potpourri
Bindfaden
2m Band im Vichy-Karo
kleine Stoffpuppe
Kranzrohling aus Draht, 30 cm Ø

Duftkranz im Shaker-Stil

Die Shaker waren eine religiöse Gemeinschaft, derne Ursprünge im frühen 19. Jahrhundert liegen. Einfachheit, Schlichtheit und Reinheit waren die Grundprinzipien ihres Lebens, die sich auch in ihren Möbeln und Handwerksarbeiten widerspiegeln. Noch heute ist dieser unverschnörkelte Stil und die natürliche Wirkung der Textilien sehr beliebt. Der Kranz greift diese Einflüsse mit einfachem Karostoff aus reiner Baumwolle und kleinen gesteppten Herzchen auf. Die Herzen enthalten ein Potpourri mit einem wunderbar aromatischen Duft.

1 Schneiden Sie nach der Schablone 18 kleine Herzen aus Stoff zu. Weitere sieben kleinere Herzen werden aus verschiedenen Stoffen ausgeschnitten.

2 Nähen Sie auf fünf große Herzen je ein kleines zur Verzierung. Dann je zwei Herzen rechts auf rechts zusammenstecken und knappkantig zusammensteppen. Dabei an einer geraden Kante ein Stück Naht offenlassen.

3 Wenden Sie die Herzen, und stopfen Sie sie mit einer Mischung aus Watte und Potpourri aus. Die Füllung muß bis in die Ecken geschoben werden, damit die Form klar erkennbar wird. Die Stoffkanten einschlagen und die Öffnung zunähen. Jedes Herz nach Wunsch mit einem Holzknopf, einem Band oder einem Kreuzstichmotiv verzieren.

4 Für die Beutel vier Stoffstreifen von 35 cm Länge und 12,5 cm Breite zuschneiden. Zur Verzierung besticken, Knöpfe aufnähen oder kleine Stoffherzen aufsteppen. Dann die Streifen rechts auf rechts halbieren und die Kanten zusammennähen. Die Beutel wenden und die Oberkanten säumen. Füllen Sie die Beuteln mit Potpourri, und binden Sie jeden mit einem Stück Bindfaden zu.

5 Verteilen Sie die Herzen, die Beutel und die kleine Stoffpuppe so auf dem Drahtring, daß Farben und Muster abwechseln. Dann werden die Einzelteile einfach auf dem Ring festgenäht.

Chili-Kranz

MATERIAL

90 cm starken, kunststoffummantelten Gärtnerdraht
Gummihandschuhe (bei Bedarf)
40 rote Chili-Schoten
40 frische Lorbeerblätter
Zange
mehrere Stränge Bast, 1,5 m lang

In den Souks arabischer Städte sieht man öfter Chili-Schoten, die zum Trocknen aufgefädelt wurden. Daher stammt die Idee für diesen Kranz. Er sieht frisch ebenso schön aus wie getrocknet und ist ein ideales Geschenk für einen begeisterten Koch. Verbrauchte Chilies lassen sich leicht ersetzen.

Weltweit wird kein Gewürz häufiger benutzt als Chili, man denke nur an die indische, thailändische und mexikanische Küche. Es gibt viele hundert Arten – rote, grüne, schwarze, weiße und orangefarbene, dünne, dicke, glockenförmige und kugelige. Die Kombinationsmöglichkeiten sind unerschöpflich.

Wenn Sie Chilies verarbeiten, sollten Sie Gummihandschuhe tragen oder anschließend die Hände gründlich waschen. Der Saft kann Hautreizungen verursachen und beißt schmerzhaft, wenn er versehentlich in die Augen gerät.

1 Biegen Sie aus dem Draht einen Ring. Wenn die Chilies später zum Kochen verwendet werden sollen, muß der Draht zuerst in kochendem Wasser sterilisiert werden.

2 Mit Gummihandschuhen fädeln Sie nun abwechselnd Chilies und Lorbeerblätter auf den Ring, bis ein vollständiger Kranz entstanden ist.

3 Biegen Sie mit der Zange beide Drahtenden zu kleinen Haken um.

4 Aus dem Bast wird eine dekorative Schleife gebunden und auf ein Ende des Drahtringes geschoben. Dann verhaken Sie die beiden Enden miteinander.

Küchen-kranz

MATERIAL

Kranzrohling aus Schaum (trocken), 30 cm Ø
Malerkrepp
Draht für die Aufhängeöse
verschiedene kleine Küchenutensilien
mittelstarke Steckdrähte
Angelsehne/Nylonschnur
2 Geschirrhandtücher
Schere
3 Eier
Stopfnadel
3 Tee-Eier
2 Muskatreiben
Heißklebepistole oder Alleskleber in der Tube

Da immer mehr Menschen Kochen zu ihrem Hobby machen, kommen laufend neue Küchenutensilien auf den Markt – manche nützlich und andere weniger. Eine Auswahl kleiner Gerätschaften tummelt sich hier auf einem originellen Kranz für die Küchenwand. Auch andere Kleinigkeiten könnten so verarbeitet werden, etwa winzige Bücher und Schriftrollen für die Bibliothek oder Miniflakons für ein feminines Badezimmer.

1 Decken Sie den Kunststoffboden des Kranzrohlings mit Kreppklebeband ab. Befestigen Sie dann eine Öse zum Aufhängen (siehe Seite 115).

2 Verteilen Sie zuerst die größeren Utensilien, und befestigen Sie diese mit Drähten auf dem Kranz.

3 Um die kleineren Teile zu befestigen, biegen Sie Steckdrähte wie Haarnadeln zurecht, haken sie über das jeweilige Stück und stechen die Drahtenden in den Kranz. Größere Gegenstände werden mit Nylonschnur unauffällig am Kranzrohling festgebunden.

4 Die Geschirrtücher werden in Streifen geschnitten und behutsam zwischen den Küchenutensilien um den Kranz gewickelt, so daß der Schaumrohling ganz verdeckt ist. ‚Haarnadeln' aus Steckdrähten halten die Stoffstreifen fest.

5 Die Eier gründlich waschen, die Schale auf beiden Seiten einstechen und die Eier über einer Schüssel ausblasen. Dann die Schalen gut ausspülen und trocknen lassen.

6 Zum Schluß werden die Tee-Eier, Muskatreiben und Eierschalen mit Kleber befestigt.

Gewürz-kranz

In vielen Ländern gilt ein Kranz aus Kräutern oder Gewürzen an der Küchentür als Glücksbringer und besonderer Willkommensgruß. Außerdem ist so ein Kranz ein großartiges Geschenk für alle, die gerne kochen.

Hier wurden verschiedene Kräuter und Gewürze kombiniert. Sehr reizvoll ist aber auch ein Kranz zu einem bestimmten kulinarischen Thema, etwa ein indischer Kranz mit verschiedenen Chilies, Safran, Knoblauch, Kardamom-Kapseln oder ein italienischer Kranz mit Knoblauch, getrockneten Tomaten und Sträußchen aus Oregano und Thymian.

MATERIAL

4 Orangen
5 Tischtennisbälle
5 verschiedene Arten von Gewürzkörnern
Alleskleber in der Tube
Zeitungspapier
Bast
mittelstarke Steckdrähte
getrocknetes Moos (aus dem Blumen- oder Bastelgeschäft)
Kranzrohling aus Schaum (trocken), 30 cm Ø
Blumendraht
9 Knollen Knoblauch
4 Bündel Zimtstangen
Chilies
Lorbeerblätter
Rosmarin
Thymian

1 Die Schale der Orangen bis aufs Fleisch einschneiden und über Nacht im Backofen auf niedrigster Stufe trocknen. Sie können auch mehrere Tage lang an einem luftigen Ort trocknen.

2 Bestreichen Sie die Tischtennisbälle mit Alleskleber, und rollen Sie jeden in einer anderen Sorte von Gewürzkörnern, bis er ganz bedeckt ist. Auf Zeitungspapier trocknen lassen und danach mit einer Bastschleife verzieren.

3 Aus mittelstarkem Steckdraht biegen Sie U-förmige Haken und stecken damit Moos auf den Kranzrohling. Die Oberfläche sollte ganz bedeckt sein, auch der Kunststoffboden darf nicht mehr zu sehen sein.

4 Befestigen Sie an der Rückseite des Kranzes eine Öse zum Aufhängen (siehe Seite 115).

5 Durch die Böden der Knoblauchknollen werden zwei sich kreuzende Drähte geschoben. Diese werden umgebogen und zusammengedreht.

6 Die Zimtbündel und Gewürzkugeln mit Drähten versehen (siehe Seite 114) und auf dem Kranz anordnen. Die Drähte sicher im Schaum verankern.

7 Auch die Chilies und Lorbeerblätter werden gedrahtet und am Kranz befestigt. Die letzten Lücken füllen Sie mit Zweigen von Thymian und Rosmarin.

Winter

Der Winter ist eine Jahreszeit der
Gegensätze: auf der einen Seite die
Wärme des abendlichen Kaminfeuers,
auf der anderen der glitzernde
Rauhreif auf den Zweigen an einem
kühlen Morgen. Das Weihnachtsfest
mit Geschenken unter dem Baum,
funkelnden Kerzen zwischen
blankpolierten roten Äpfeln,
Tannenzweigen und Misteln
gibt dem Winter eine
besonders festliche Note.

MATERIAL

4 Kaminkerzen

Steckdrähte

Klebeband

5 glänzende rote Äpfel

5 Tannenzapfen

12 Walnüsse

einige Büschel Cotoneasterbeeren

Schaumkranz, 30 cm Ø

Zweige von immergrünen Pflanzen, z. B. Kiefer, Blautanne, Rosmarin, Ilex, Efeu

Rosenschere

9 rote Rosen (z. B. Sorte *Grand Prix*)

Zimtstangen

Adventskranz

Hier vereint sich alles, was zu einem klassischen Adventskranz gehört: Früchte, Nüsse und Beeren, dunkelrote Rosen und cremefarbene Kerzen. Wenn das Weihnachtsfest wieder eine Woche näher gerückt ist, wird eine weitere Kerze angezündet.

Wie viele andere Weihnachtsdekorationen lebt auch dieser Kranz vom abwechslungsreichen Grün. Durchstreifen Sie ruhig mit der Rosenschere Ihren Garten, ehe Sie mit der Arbeit beginnen. Auch Beeren passen gut dazu. Je mehr verschiedene Pflanzensorten Sie sammeln, um so schöner wird der Kranz.

1 Zuerst werden die Kerzen gedrahtet. Biegen Sie vier Steckdrähte U-förmig um, und verteilen Sie sie um die Basis einer Kerze. Die Bögen zeigen dabei nach oben. Umwickeln Sie die Basis der Kerze mit Klebeband, um die Drähte festzuhalten.

2 Dann befestigen Sie Drähte an den Äpfeln, Tannenzapfen und Walnüssen (siehe Seite 113-114). Die Beeren werden zu kleinen Bündeln zusammengebunden.

3 Weichen Sie den Kranzrohling einige Minuten lang in Wasser ein. Schneiden Sie die Laubzweige in 12,5 cm lange Stücke, streifen Sie die unteren Blätter ab, und stecken Sie die Stücke im Uhrzeigersinn so in den Kranz, daß zunächst die Außenseite völlig verdeckt wird. Danach entgegen dem Uhrzeigersinn die Innenseite des Kranzes bestecken.

4 Verteilen Sie die Kerzen gleichmäßig auf dem Kranz, und fügen Sie dann die Äpfel und Kiefernzapfen hinzu. Füllen Sie die Zwischenräume mit verschiedenem Grün so aus, daß genug Platz für die Rosen bleibt.

5 Kürzen Sie die Rosenstiele auf 10 cm. Arrangieren Sie sie in Dreiergruppen, und stecken Sie die Blüten in den Kranz. Zum Schluß werden Zimtstangen, Beeren und Walnüsse in die Lücken gesetzt.

6 Legen Sie den Kranz auf ein Tablett, damit die Feuchtigkeit nicht den Tisch beschädigt. Wenn Sie den Kranz regelmäßig gießen, bleibt er während der ganzen Adventszeit frisch. Nur die Rosen werden wöchentlich ausgetauscht.

Goldkranz

Seit dem allerersten Weihnachtsfest, als die drei Könige dem Jesuskind kostbare Geschenke brachten, ist Gold ein wichtiger Bestandteil festlicher Dekorationen. Dieser prächtige Kranz ist ein schöner, festlicher Blickfang, ob an der Tür, der Wand oder um den Fuß eines Leuchters gelegt. Mit den vergoldeten Äpfeln, den Organzaschleifen und den Engeln schmückt er auch einen festlich gedeckten Tisch.

MATERIAL

3 große Äpfel, z. B. Gala
Binderfarbe
Pinsel
Buchsbaum, Efeuranken mit Beeren
Rosenschere
Kranzrohling aus Schaum (feucht), 30 cm Ø
50 cm goldfarbener Tüll
Schneiderschere
2 m goldfarbenes Band
mittelstarke Steckdrähte
2 m weißes Organza-Band
1m goldfarbener Organza, in drei Streifen geschnitten
goldene Christbaumkugeln in verschiedenen Größen
3 goldene Engel
16 kleine goldene Kerzen
3 Deko-Äpfel aus Holz

1 Streichen Sie die Äpfel mit Binderfarbe ein, und lassen Sie sie gut trocknen.

2 Schneiden Sie Buchsbaum und Efeu in 15 cm lange Stücke. Streifen Sie die unteren Blätter ab, und schieben Sie die Zweige in die Außenseite des Kranzes.

3 Schneiden Sie aus dem Tüll drei Quadrate von 36 cm Kantenlänge zu. In jedes Stück einen Apfel wickeln und mit goldfarbenem Band zubinden. Dann die Äpfel einzeln drahten und gleichmäßig verteilt im Kranz befestigen.

4 Winden Sie die Organzastreifen locker um den Kranz. Der Stoff wird mit U-förmig gebogenen Steckdrähten befestigt.

5 Drahten Sie dann die restlichen Dekorationen, und fixieren Sie sie auf dem Kranz. Einige längere Efeuranken werden zum Schluß befestigt. Kleine Lücken füllen Sie mit Büscheln aus Blättern.

Weißer Winterkranz

Dieser edle Kranz bildet mit seinen kühlen, blassen Tönen das Gegenstück zu den klassisch opulenten Weihachtsdekorationen. Die Farben erinnern an klare, frostige Tage, vereiste Bäche und Zweige voller Raureif. Die leichten Blau- und Grautöne, die so typisch für die kalte Jahreszeit sind, finden sich auf den Eukalyptusblättern und dem Buchenlaub wieder. Dieser Kranz ist die perfekte Dekoration für ein festliches Neujahrsessen oder auch für eine Winterhochzeit.

MATERIAL

8 weiße Rosen (z. B. *Bianca*)
5 Stiele weiße Strauchrosen (z. B. *Princess*)
5 Stiele großblütiges Schleierkraut
1 Bund weiße Ranunkeln
10 Zweige Kirschlorbeer (mit Blüten)
10 Stiele Eukalyptus
1 Bund Rosmarin
5 Stiele Greisenbart
Efeuranken mit weißrandigen Blättern
Kranzrohling aus Schaum (feucht), 35 cm Ø
15 Samenkapseln
mittelstarke Steckdrähte

1 Bereiten Sie die Blüten und Laubzweige wie auf Seite 110-111 beschrieben vor. Lassen Sie die Stiele nach dem Anschneiden mindestens 12 Stunden in einem kühlen Zimmer stehen. Der Schaumkranz wird 5 Minuten lang in Wasser eingeweicht. Währenddessen drahten Sie die Samenkapseln.

2 Schneiden Sie verschiedene Laubzweige auf 15 cm Länge zu. Mit diesen wird zunächst der äußere Rand des Kranzrohlings besteckt. Für den inneren Rand und die Oberseite verwenden Sie etwas kürzere Zweige.

3 Fügen Sie nun die Blüten hinzu. Beginnen Sie mit den größten Rosen (Sorte *Bianca*), die in Dreiergruppen arrangiert werden. Es folgen die kleineren Rosen, die Ranunkeln und schließlich die Samenkapseln und das Schleierkraut. Stecken Sie einige Blüten schräg ein, so daß der Kranz von allen Seiten schön aussieht.

4 Der fertige Kranz wird mit Wasser besprüht. Bis er als Dekoration verwendet wird, sollte er an einem kühlen Platz aufbewahrt werden.

Laubkränze

Wem die klassischen Weihnachtsdekorationen zu prunkvoll und überladen sind, wird sicherlich Gefallen an diesen schlichten Laubkränzen finden. Für jeden der hier gezeigten Kränze wurde nur eine einzige Laubart verwendet – Ilex, Efeu und Kirschlorbeer. Auch andere Materialien, wie z. B. Misteln, Blautanne, Nüsse, Tannenzapfen oder getrocknete Apfelscheiben, sehen dekorativ aus. Besonders reizvoll ist eine Gruppe aus mehreren solcher Kränze.

Ilex-Kranz

MATERIAL
Kranzrohling aus Draht, 20 cm Ø
Sphagnum
Blumendraht auf der Rolle
Ilex (möglichst mit Beeren), in 10 cm lange Stücke geschnitten
Rosenschere
Arbeitshandschuhe (bei Bedarf)

1 Weichen Sie das Moos 5 Minuten in Wasser ein, danach wird es gründlich ausgedrückt. Stopfen Sie den Drahtrohling mit Moos aus, und umwickeln Sie ihn fest mit Blumendraht.

2 Bündeln Sie drei bis vier Ilex-Zweige, und versehen Sie die Sträußchen mit einem gedoppelten Draht (siehe Seite 112).

3 Schieben Sie die Ilex-Sträußchen weit in den Moosring hinein. Biegen Sie dann die auf der Rückseite herausstehenden Drähte auseinander, um die Sträußchen zu sichern.

4 Fügen Sie nach und nach weitere Sträußchen hinzu. Nach dieser Methode werden auch Kränze aus Blautanne, Fichte und Rosmarin gefertigt.

Kirschlorbeer-Kranz

MATERIAL

Kranzrohling aus Schaum (feucht), 20 cm Ø

2 Steckdrähte

Kirschlorbeer-Zweige, auf 7,5 cm gekürzt

1 Weichen Sie den Kranz in einer Schüssel mit Wasser etwa 5 Minuten lang ein.

2 Verdrillen Sie die beiden Steckdrähte, biegen Sie eine Schlaufe zurecht, und winden Sie sie danach um den Kranz, so daß eine Öse zum Aufhängen entsteht (siehe Seite 115).

3 Streifen Sie von den Lorbeerzweigen die unteren Blätter ab, und stecken Sie sie in einem Winkel von ca. 45° in den Schaumkranz. Beginnen Sie an der Außenseite des Kranzes, und arbeiten Sie im Uhrzeigersinn. Die untersten Zweige sollten den Kunststoffrand verdecken.

4 Die Innenseite des Kranzes wird entgegen dem Uhrzeigersinn mit kürzeren Zweigen besteckt.

5 Anschließend füllen Sie die gesamte Oberfläche des Kranzes aus. Achten Sie darauf, daß Blätter und Blütenstände dicht an dicht sitzen. Diese Methode eignet sich auch für Efeu mit Beeren, Misteln und zartere Blätter, die einen hohen Wasserbedarf haben.

Efeu-Kranz

MATERIAL

Kranzrohling aus Schaum (trocken), 15 cm Ø

Efeu-Blätter

Stecknadeln mit Stahlkopf (Kurzwaren)

scharfe Schere

1 Wählen Sie Efeu-Blätter in verschiedenen Größen aus, und schneiden Sie jedes direkt am Stielansatz ab.

2 Stecken Sie ein Blatt mittig auf den Kranz, dann befestigen Sie rechts und links daneben je ein Blatt. Jedes Blatt wird mit zwei Stecknadeln fixiert. Fahren Sie fort, bis die Breite des Kranzes bedeckt ist.

3 Seitlich abstehende Blätter werden vorsichtig zur Unterseite des Kranzes umgeschlagen und festgesteckt.

4 Die folgenden Blätter werden überlappend so aufgesteckt, daß die Nadeln der vorigen Reihe verdeckt sind.

5 Fahren Sie fort, bis der ganze Kranz bedeckt ist. Heben Sie die Spitzen der ersten Blätter an, und schieben Sie die Enden der letzten Blätter darunter, ehe Sie diese feststecken. Diese Technik eignet sich auch für Lorbeerblätter. Wenn der Kranz besonders festlich aussehen soll, können Sie ihn mit goldfarbenem Lack einsprühen und mit einer goldenen Schleife verzieren.

Glüh-wein-Kranz

Zucker und diverse Gewürze geben dem Glühwein seinen besonderen Duft, bei dem jeder an einen fröhlichen Weihnachtsmarkt oder die Heimkehr von einem Winterspaziergang denkt. Alle Zutaten für einen guten Glühwein finden sich in diesem Adventskranz der etwas anderen Art. In der Küche aufgehängt, verbreitet er wochenlang seinen aromatischen Duft.

MATERIAL

6 große Orangen
scharfes Messer
Pergamentpapier oder Backpapier
Backblech
mittelstarke Steckdrähte
5 Kumquats
1 Päckchen Gewürznelken
einige Fäden Bast
50 cm Musselin
1 kleines Paket Watte
1m Bindfaden
4 Stücke Seide, je 25 cm x 10 cm
passendes Nähgarn und Nadel
2 m Satinband
12 Zimtstangen
Kranzrohling aus Weide, 42 cm Ø
5 Gewürzkugeln (siehe Gewürzkranz auf Seite 79)
9 ganze Muskatnüsse
Heißklebepistole oder Alleskleber in der Tube

1 Halbieren Sie zwei Orangen, und schaben Sie sämtliches Fruchtfleisch sorgfältig heraus. Nur die Schale soll übrig bleiben. Eine dritte Orange wird in dünne Scheiben geschnitten. Orangenschalen und -scheiben werden auf ein mit Pergamentpapier bedecktes Backblech gelegt und über Nacht im Backofen auf niedrigster Stufe getrocknet. Sie können die Orangenteile auch einige Tage lang an der Luft trocknen lassen.

2 Die restlichen Orangen und einige Kumquats werden mit Gewürznelken gespickt, um die übrigen Kumquats binden Sie eine Schleife aus Bast. Anschließend werden die Früchte gedrahtet (siehe Seite 113).

3 Für die Säckchen schneiden Sie aus Musselin 10 Kreise mit etwa 15 cm Durchmesser zu. Legen Sie je zwei Kreise aufeinander, und geben Sie in die Mitte einen Wattebausch. Dann die Säckchen mit Bindfaden zubinden.

4 Für die Seidenbeutel legen Sie die Stoffstücke rechts auf rechts zur Hälfte und nähen die Längskanten zusammen. Wenden Sie die Beutel, und füllen Sie sie mit Watte. Danach verschnüren Sie die Beutel mit einer Schleife aus Satinband.

5 Drahten Sie Bündel aus je vier Zimtstangen, dann verstecken Sie den Draht unter einer Schleife.

6 Wenn alle Bestandteile vorbereitet sind, legen Sie sie zur Probe um den Kranz herum. Befestigen Sie zuerst die Orangen, danach die Zimtstangen und Kumquats und schließlich die Seidensäckchen und Orangenscheiben. Die Drähte aller Teile werden ganz durch den Kranzrohling geschoben und auf der Rückseite umgebogen.

7 Zum Schluß befestigen Sie die Musselinsäckchen, die Orangenschale und die Gewürzbälle mit Klebstoff.

Paillet-ten-kranz

Dieser wundervoll funkelnde Kranz könnte direkt aus einer Schatztruhe aus 1001 Nacht stammen. Er wirkt schon allein sehr edel, aber in einem goldfarbenen, mit dunklem Samt ausgelegten Rahmen kommt er besonders schön zur Geltung. Vielleicht möchten Sie gleich mehrere Kränze basteln und mit edlem Organzaband als ungewöhnlichen Christbaumschmuck verwenden. Auch Perlen und Knöpfe können für solche Kränze verarbeitet werden.

MATERIAL

Kranzrohling aus Schaum (trocken) oder Styropor, 15cm Ø

50 cm Organza-Band

2 Schachteln Stecknadeln mit Glaskopf

Pailletten in vielen verschiedenen Farben, Formen und Größen

1 Wenn Sie den Kranz an den Tannenbaum hängen wollen, binden sie zunächst eine Schlaufe aus Organza-Band herum. Der Knoten wird auf der Rückseite des Kranzes festgesteckt.

2 Bedecken Sie nun Stück für Stück den Kranz mit Pailletten. Arbeiten Sie dabei von der Innen- und Außenkante her zur Mitte des Kranzes. Jede Paillette wird mit einer Stecknadel befestigt. Die einzelnen Pailletten sollten einander überlappen, so daß der Untergrund nicht mehr sichtbar ist.

3 Fahren Sie fort, bis der ganze Kranz bedeckt ist. Achten Sie darauf, die Pailetten nach Farben, Formen und Größen gleichmäßig zu verteilen.

MATERIAL

2 m Kreppband aus Papier
Kranzrohling aus Schaum, 30 cm Ø
Klebeband
4 Pappstücke, je 7,5 cm x 7,5 cm
6 Stücke farbiges Geschenkpapier
12 leere Streichholzschachteln
4 kleine Pappschachteln
verschiedene bunte Bänder in unterschiedlichen Breiten, 60 cm lang
mittelstarke Steckdrähte
6 Geschenkanhänger
2 Bandrosetten (fertig gekauft)
1 m Deko-Band mit Drahtkante, 7,5 cm breit

Päckchenkranz

Dieser Kranz knüpft an den englischen Brauch an, jedem Gast nach dem Weihnachtsfest ein kleines Geschenk mit auf den Weg zu geben. Hängen Sie den Kranz zur Begrüßung an die Tür, oder schmücken Sie damit den Tisch. Sie können kleine Scherzartikel, selbstgebackene Plätzchen oder andere Kleinigkeiten einwickeln. Was Sie auch verschenken, an die Präsentation wird sich jeder lange erinnern.

1 Wickeln Sie das Kreppband um den Kranz, so daß er ganz bedeckt ist. Die seitlichen Räder des Bandes sollten einander überlappen, die Enden werden auf der Rückseite des Kranzes mit Klebeband befestigt.

2 Rollen Sie aus den Pappstücken Röhren, und fixieren Sie die Kanten mit Klebeband. Packen Sie nun Ihre kleinen Geschenke in die Schachteln und Rollen.

3 Jedes Päckchen wird in Geschenkpapier gewickelt und mit einer passenden Schleife verziert.

4 Schieben Sie unter dem Band jedes Päckchens einen Draht durch. Der Draht wird umgebogen, und die Enden werden einige Male miteinander verdrillt. Mit den überstehenden Drahtenden verankern Sie die Päckchen im Kranz. Verteilen Sie die Päckchen gleichmäßig, lassen Sie aber in der unteren Mitte genug Platz für eine Schleife. Päckchen mit gleichem Papier sollten nicht nebeneinander liegen.

5 Binden Sie die Geschenkanhänger fest, kleben Sie die Rosetten auf, und verzieren Sie den Kranz zum Schluß mit einer großen Schleife aus drahtverstärktem Band.

BOSTIK

Nützliche Werkzeuge

Diese Werkzeuge wurden für die Arbeiten in diesem Buch verwendet. Nicht alle sind unbedingt nötig, aber sie vereinfachen die Arbeit erheblich. Auf eine scharfe Schere und Steckdrähte können Sie nicht verzichten, und auch eine Heißklebepistole ist sehr empfehlenswert.

ANGELSEHNE ist fast unsichtbar, kann aber erstaunliche Gewichte tragen. In diesem Buch wird sie eingesetzt, wenn Details nicht angeklebt werden sollen, Drähte aber unschön aussehen würden.

BÄNDER gibt es in vielen Variationen, z. B. mit Drahtverstärkung, aus Seidentaft, Schottenkaro oder Organza. Schon ein einziger Meter kann einem Kranz den letzten Pfiff geben. Es lohnt sich, einen Vorrat an ungewöhnlichen Bändern anzulegen.

BAST ist sehr nützlich zum Befestigen kleinerer Gegenstände. Obendrein sieht er dekorativ aus, wenn er z. B. um Zimtstangen oder Früchte gebunden oder zu üppigen Schleifen geschlungen wird.

BLUMENDRAHT ist besonders dünn und biegsam und oft auch mit einer dünnen Schicht grünem Kunststoff ummantelt. Er eignet sich beispielsweise gut, um Mooskränze zu wickeln.

BLUMENSPRÜHER sind für wenig Geld zu kaufen. Sie sollten daher nicht darauf verzichten. Blumen nehmen über ihre Blütenblätter fast so viel Wasser auf wie über die Stiele. Kränze sollten darum oft besprüht werden, damit sie lange frisch aussehen. Besonders wichtig ist dies bei Haarkränzen, die keinen feuchten Unterbau haben.

DOPPELSEITIGES KLEBEBAND finden Sie im Baumarkt. Es ist praktisch, um leichte Gegenstände zu befestigen, vor allem wenn sie mit der Heißklebepistole nur schwer zu erreichen sind.

FLORISTEN-KLEBEBAND ist grün und fällt darum kaum auf. Es ist wasserfest und recht stabil, man kann damit sogar Drähte an Kerzen befestigen. Praktisch zum Umwickeln von Kranzrohlingen und dickeren Drähten.

HANDSCHUHE: Wenn Sie dornige Pflanzen wie Ilex, Brombeeren oder Rosen verwenden, sind stabile Arbeitshandschuhe sinnvoll. Zum Verarbeiten von Chilies sollten Sie Gummihandschuhe anziehen, weil der Saft Hautreizungen verursachen kann. Haben Sie mit dicken Handschuhen kein Gefühl für die zarten Pflanzen, probieren Sie einmal dünne Latexhandschuhe.

HEIẞKLEBEPISTOLE: Bei diesem praktischen Werkzeug wird der Klebstoff durch elektrisch erzeugte Hitze geschmolzen. Nach dem Auftragen kühlt er ab, härtet dabei aus und klebt sofort. Fast alle Materialien lassen sich damit befestigen. Wer gerne bastelt, sollte auf dieses nützliche Gerät nicht verzichten.

KREPP-WICKELBAND wird in Bastelgeschäften und manchen Blumenläden in Weiß, Grün oder Braun verkauft. Es ist aus dünnem Papier hergestellt und dient vor allem dazu, die Stiele von gedrahteten Blüten zu umwickeln, um den Draht zu verdecken.

MALERKREPP: Sie werden staunen, wie oft Sie es gebrauchen können, z. B. zum Abdecken des grünen Kunststoffbodens von Schaumkränzen oder zum Befestigen einer Rückwand an einem Rohling.

ROSENSCHERE: Diese benötigen Sie zum Schneiden holziger Stiele.

SCHERE: Eine gute, scharfe Schere ist unerläßlich für die Arbeit mit Blumen. Eine stabile Haushaltsschere reicht für die meisten Zwecke aus. Wichtig ist, daß die Schere stets scharf ist und daß Sie niemals Draht damit schneiden – sonst wird sie schnell stumpf.

STECKDRÄHTE werden in unterschiedlichen Stärken angeboten. Für die meisten Blumen und Blätter sind mittelstarke Drähte geeignet, nur Sonnenblumen und andere schwere Blüten sowie große Früchte müssen mit starken Steckdrähten versehen werden. Für besonders zarte Blüten wie Glockenblumen, Maiglöckchen oder Kranzschlinge verwenden Sie feine Drähte.

ZANGE: Diese ist praktisch zum Schneiden und Biegen von stärkeren Drähten.

Kranzrohlinge

Für die Modelle in diesem Buch habe ich verschiedene Arten von Kranzrohlingen verwendet. Die meisten von ihnen kann man in Blumen- oder Bastelgeschäften kaufen.

Wenn Sie eine bestimmte Größe nicht bekommen können, machen Sie sich Ihren Kranzrohling einfach selbst. Hier finden Sie eine Übersicht über die gebräuchlichsten Fertigkränze sowie Anleitungen zum Herstellen eigener Kränze.

Feuchte Schaumkränze

Diese sind unerläßlich, wenn Sie frische Blüten und Blätter arrangieren wollen. Meist bestehen sie aus einem ringförmigen Kunststoffrand, in den der eigentliche Rohling aus Steckschaum eingelegt wird. Es gibt sie in verschiedenen Größen von ca. 20 cm bis ca. 46 cm Durchmesser. Auch andere Formen wie Rauten oder Herzen werden angeboten.

Sie sollten solche Kränze nur einmal in feuchtem Zustand verwenden. Nach dem Austrocknen können sie aber mit Folie oder Kreppband umwickelt und für Trockenkränze benutzt werden.

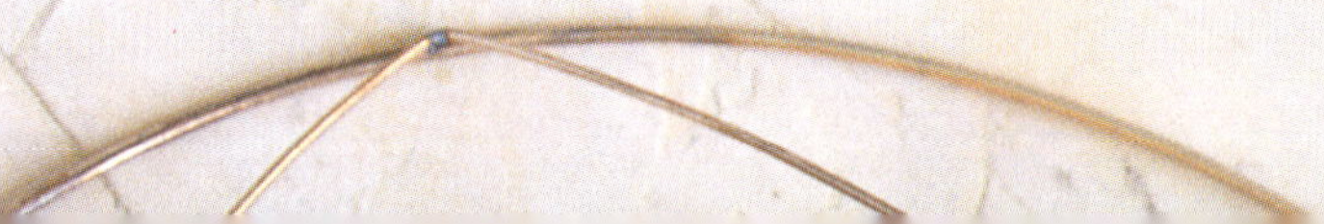

Kranz aus Steckschaum und Kükendraht

Dieser Kranz ist ebenfalls für frische Blumen gedacht. Kükendraht erhalten Sie in Baumärkten oder Gartencentern. Wählen Sie die kleinste Maschengröße, möglichst nicht größer als 2,5 cm.

1 Für einen Kranz mit 30 cm Durchmesser weichen Sie einen Block Steckschaum drei Minuten in Wasser ein und schneiden ihn dann in mehrere Stücke von 5 cm x 5 cm x 7,5 cm Länge.

2 Schneiden Sie ein Stück Kükendraht von 1m Länge und 15 cm Breite zu. Legen Sie die Schaumblöcke so darauf, daß zwischen ihnen jeweils etwas Platz bleibt. Nur so können Sie den Streifen später zum Kranz biegen.

3 Schneiden Sie einen 5 cm breiten Streifen aus einem schwarzen Müllsack, und legen Sie ihn auf die Schaumblöcke.

4 Biegen Sie nun die Längskanten des Kükendrahtes nach oben, und ‚nähen' Sie die Ränder mit Blumendraht zusammen.

5 Jetzt wird die Rolle zu einem Kranz zurechtgebogen. Hierzu verbinden Sie die Enden mit Blumendraht.

6 Wenn der Kranz stabiler werden soll, befestigen Sie eine Rückwand aus dünnem Holz oder Kunststoff, wozu Sie Kranz und Rückwand mit dünnem Draht umwickeln.

Trockene Schaumkränze

Diese Kränze bestehen aus einem festen braunen Hartschaum und eignen sich vor allem für Trockenkränze, z. B. aus Trockenblumen oder Pailletten. Sie werden in vielen Größen von 15 cm bis 30 cm Durchmesser angeboten. Der Schaum ist relativ zerbrechlich. Wenn Sie schwerere Materialien verarbeiten wollen, sollten Sie eine Rückwand befestigen.

Drahtringe

Diese sind vor allem dann praktisch, wenn Sie nur eine runde Grundform benötigen. Der Shakerkranz und der Lavendelkranz in diesem Buch sind auf Drahtringen gearbeitet, die in vielen Größen für wenig Geld angeboten werden.

Mooskränze

Hierbei handelt es sich eigentlich um kranzförmige Drahtgestelle, die mit Moos ausgefüttert wurden. Sie eignen sich für feuchte Gestecke und sind sehr leicht. Das ist ein Vorteil, wenn ein Kranz beispielsweise mit einem unauffälligen Nagel aufgehängt werden soll.

1 Weichen Sie etwa 5 Hände voll Sphagnum 5 Minuten lang in einem Eimer Wasser ein.

2 Dann wird das Moos gründlich ausgepreßt und in den Drahtkranz gedrückt.

3 Umwickeln Sie Drahtkranz und Moos spiralförmig mit Blumendraht.

4 Zum Schluß mit der Schere alle überstehenden Moos-Zipfel abschneiden, so daß eine glatte Ringform entsteht.

Gipskranz

Gips eignet sich als Untergrund für schwere Materialien, wie z. B. beim Mosaikkranz.

1 Stopfen Sie einen Drahtkranz fest mit geknülltem Zeitungspapier aus, und fixieren Sie das Papier mit Malerkrepp.

2 Rühren Sie eine Portion Gips recht flüssig an. Reißen Sie Baumwollstoff in 5cm breite Streifen, die in den Gips getaucht werden.

3 Wickeln Sie diese Streifen um den Unterbau, bis das Papier verdeckt ist.

4 Lassen Sie den Gips gut aushärten, und wiederholen Sie den letzten Arbeitsgang noch zweimal. Auch zwischendurch gründlich trocknen lassen

Strohkranz

Ein Strohkranz ist eine preiswerte Alternative zu trockenen Schaum- oder Mooskränzen. Er wird genauso hergestellt wie ein Kranz aus Zweigen. Umwickeln Sie ein Bündel Heu oder Stroh mit Blumendraht, so daß eine lange Rolle entsteht. Diese wird zum Kranz geformt und die Ansatzstelle fest umwickelt. Alle überstehenden Halme abschneiden.

Kunststoffringe

Im Fachhandel werden Kunststoffringe in verschiedenen Größen angeboten. Sehen Sie ruhig auch einmal in der Spielzeugkiste nach: Für große Kränze eignet sich ein kleiner Hula-Hoop-Reifen. Kleine Ringe können Sie aus stabilem Steckdraht, der mit Floristenband umwickelt wird, leicht selbst herstellen. Der Sonnenblumenkranz ist auf einem solchen Ring gearbeitet.

Kranz aus Zweigen

Solche Rohlinge sind einfach zu binden. Sie eignen sich für alle Kranzvarianten, die keine Feuchtigkeit benötigen, z. B. der Glühwein- und der Federkranz. Diese Kränze sehen auch ungeschmückt dekorativ aus, wenn Sie ein interessantes Material verwenden, etwa Korkenzieherweide, Weinranken, Tauwerk oder sogar Stacheldraht. Spröde Zweige werden geschmeidiger, wenn Sie sie in Wasser einweichen.

1 Nehmen Sie in eine Hand ein Bündel Zweige von ungefähr gleicher Länge.

2 Umwickeln Sie den unteren Teil des Bündels spiralförmig mit Blumendraht, dann fügen Sie etwa auf der Hälfte ein zweites Bündel an und wickeln weiter.

3 Biegen Sie die Zweige vorsichtig zum Kranz. Bei Bedarf setzen Sie in gleichmäßigen Abständen weitere Zweigbündel an, bis der Kranz die gewünschte Größe hat.

4 Die Enden übereinander legen und fest mit Draht umwickeln.

Frische Pflanzen vorbereiten

Frische Blüten und Blätter müssen sorgfältig vorbereitet werden, sonst welken sie sehr schnell. Besonders die Stiele müssen fest und stabil sein, damit sie Feuchtigkeit aus dem Steckschaum aufnehmen können. Fertige Kränze halten länger, wenn sie regelmäßig eingesprüht und in einem kühlen Raum aufbewahrt werden.

Blumen: Bei den meisten Blumen müssen Sie nur den Stiel im Winkel von 45° anschneiden und die unteren Blätter entfernen. Dann werden die Blumen mindestens 12 Stunden lang in Wasser gestellt, das bis etwa 10 cm unterhalb der Blüte reichen sollte. Ein Frischhaltemittel für Schnittblumen oder eine Mischung aus je einem Teelöffel Haushaltsbleiche und Zucker tut gute Dienste.

Rosen: Rosen und einige andere Pflanzen bilden gelegentlich in den Stielen Luftblasen, so daß kein Wasser mehr aufgenommen wird. Dann knicken die Blüten schnell ab. Um dies zu verhindern, tauchen Sie die Stielenden zwei Minuten lang in kochendes Wasser. Dann wickeln Sie die Blüten in eine dicke Lage Zeitungspapier und stellen die Blumen 12 Stunden lang in reichlich Wasser.

Tulpen: Tulpen verbiegen sich leicht, wenn sie nicht gestützt werden. Darum sollten Sie die Blüten in Zeitungspapier wickeln, ehe Sie die Blumen in Wasser stellen. Denken Sie daran, daß Tulpen auch in der Vase noch wachsen. Schneiden Sie sie darum lieber etwas kürzer.

Narzissen: Narzissen, Euphorbien und einige andere Pflanzen sondern einen klebrigen Saft ab. Darum sollten sie vorsichtshalber in ein separates Behältnis mit Wasser gestellt werden.

Laubzweige: Die meisten Zweige werden genau wie Blumen vorbereitet. Nur holzige Zweige sollten Sie an der Schnittstelle mit einem Hammer flach klopfen, damit die Stiele mehr Wasser aufnehmen.

Drahten

Für viele Kränze in diesem Buch werden Blüten und Blätter vor dem Befestigen gedrahtet. Auf diese Weise erhalten sie einen stabilen ‚Stiel', mit dem sie im Kranzrohling verankert oder zu einer Girlande zusammengebunden werden können.

Vieles läßt sich drahten. Hier finden Sie eine Auswahl der im Buch verwendeten Materialien. Die Techniken eignen sich jedoch für nahezu alle Naturalien. Blüten lassen sich am einfachsten drahten, wenn Sie den Stiel auf etwa 2,5 cm kürzen.

Gedoppelter Draht: Diese bewährte Technik gibt Blüten einen stabilen Zusatzstiel. Sie eignet sich aber auch zum Zusammenbinden mehrerer kleiner Blüten oder Blätter, die als Sträußchen weiter verarbeitet werden sollen.

Legen Sie einen mittelstarken Draht am Stiel entlang, so daß etwa ein Drittel nach unten übersteht. Biegen Sie das obere, längere Ende wie eine Haarnadel nach unten. Dann winden Sie das längere Ende mehrmals um Blütenstiel und kürzeres Drahtende, bis beide Drähte gleich lang sind.

Einfacher Draht: Mit dieser Technik werden besonders zarte Blüten verstärkt. Sie eignet sich auch für Haarkränze und Girlanden, bei denen alle Blüten einzeln gedrahtet werden müssen.

Biegen Sie einen Steckdraht auf etwa einem Drittel seiner Länge haarnadelförmig um. Legen Sie das kürzere Drahtende an den Blütenstiel. Dann wickeln Sie das längere Ende mehrfach um Stiel und Draht. Am unteren Stielende soll nur ein Draht überstehen.

Rosen drahten: Diese Methode eignet sich auch für Gerbera, Tulpen, Skabiosen und andere große Blüten sowie für Erdbeeren und Kapstachelbeeren.

Kürzen Sie den Stiel auf 2,5 cm. Ein mittelstarker Draht wird halbiert und von unten durch den Stiel bis in die Blüte geschoben. Dabei darf die Blüte nicht beschädigt werden. Schieben Sie dann einen feinen Draht durch den unteren Teil der Blüte. Biegen Sie beide Enden nach unten, winden Sie sie um den stärkeren senkrechten Draht, und umwickeln Sie die Drähte bei Bedarf mit Kaschierband.

Hohle Stiele: Narzissen, Rittersporn, Amaryllis und andere Blüten mit hohlen Stielen werden stabiler, wenn ein Steckdraht durch den Stiel bis in die Blüte geschoben wird.

Blätter drahten: Schieben Sie einen feinen Draht auf der Rückseite des Blattes etwa auf halber Höhe durch die Hauptader. Biegen Sie dann beide Enden nach unten um, und wickeln Sie sie um den Blattstiel. Wenn der Stiel besonders stabil werden soll, verstärken Sie den Blattstiel vor dem Umwickeln mit einem halben mittelstarken Draht.

Obst und Gemüse: Diese Technik eignet sich für fast alle festen Früchte, die eine leicht abgerundete Form haben, z. B. Äpfel, Orangen, Zitronen, Rüben, Ananas.

Schieben Sie einen mittelstarken Draht durch den Boden der Frucht. Dann schieben sie einen zweiten Draht so durch die Frucht, daß ein Kreuz entsteht. Biegen Sie alle vier Drahtenden nach unten, und verdrillen Sie sie miteinander. Für kleinere Früchte wie Rosenkohl oder Chilies reicht ein Draht aus. Er wird durchgeschoben, umgebogen und ebenfalls verdrillt.

Beeren: Wenn Sie einzelne Beeren befestigen wollen, stecken Sie diese am besten bis zur Mitte auf Zahnstocher oder kurze Drahtstücke. Gedrahtete Früchte sollten Sie aus hygienischen Gründen nicht mehr essen.

Moos: Wenn Sie Moos auf einem Kranz befestigen wollen, biegen Sie einfach einen Steckdraht haarnadelförmig um und stecken das Moos damit fest.

Kerzen: Halbieren Sie zwei mittelstarke Steckdrähte, und biegen Sie sie haarnadelförmig um. Legen Sie diese vier Haarnadeln mit den Rundungen nach oben um das Unterteil einer Kerze. Etwa die Hälfte der Drahtlänge sollte nach unten überstehen. Kerze und Drähte werden mit Floristen-Klebeband umwickelt.

Nüsse: Bohren Sie ein kleines Loch in die Unterseite der Nuß. Bei Walnüssen ist das nicht nötig, da sie meist unten eine kleine weiche Stelle haben. Schieben Sie einen halbierten Steckdraht so weit wie möglich hinein, und sichern Sie ihn mit einem Tropfen Klebstoff.

Eier: Ausgepustete Eier (siehe Seite 33) werden wie Nüsse befestigt.

Tannenzapfen: Legen Sie einen mittelstarken Draht als Schlaufe um die Basis des Tannenzapfens. Dann drehen Sie beide Drahtenden fest zusammen.

Süßigkeiten: Für Bonbons mit Papier wird ein Steckdraht halbiert und um eine Seite des Papiers gedreht. Süßigkeiten ohne Verpackung werden auf Zahnstocher oder Drahtstücke gespießt, sie sollten dann aber nicht mehr gegessen werden.

Päckchen: Legen Sie einen Draht über die Rückseite des Päckchens, und fixieren Sie ihn mit einem Klebestreifen. Dann werden die Drahtenden umgebogen und in den Kranz geschoben. Nicht verdrillen, sonst löst sich der Klebestreifen leicht.

Rückwand für Trockenkränze

Wenn ein Kranz aus Trockenschaum mit Süßigkeiten, Muscheln oder anderen schweren Materialien besteckt ist, sollten Sie ihn mit einer Rückwand versehen. So können Sie eine Öse zum Aufhängen befestigen, vor allem aber bekommt der Kranz mehr Stabilität.

1 Benutzen Sie den Rohling als Schablone, um die Kontur auf Pappe, Hartfaserplatte oder Sperrholz zu zeichnen.

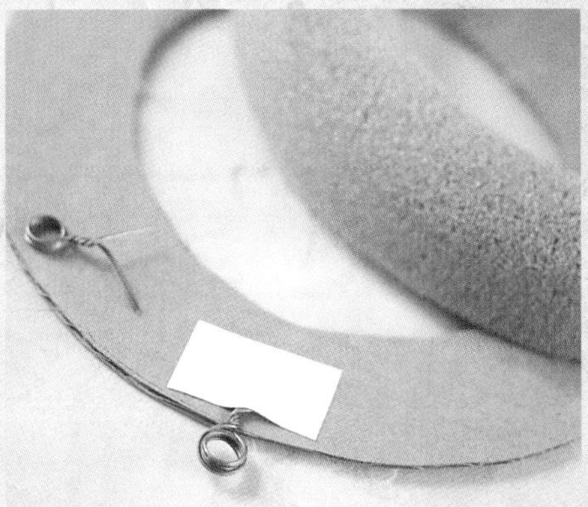

2 Schneiden oder sägen Sie den Ring aus. Wickeln Sie ein Stück Draht zweimal um einen Bleistift, so daß eine Öse entsteht. Kleben Sie diese auf die Rückwand. Der Klebstoff muß vor der weiteren Verarbeitung vollständig aushärten.

3 Kleben Sie dann die Rückwand mit Alleskleber auf den Kranzrohling. Zur Sicherheit umwickeln Sie einige Stellen zusätzlich mit Malerkrepp.

Eine Öse an einem feuchten Kranz befestigen

Kränze aus feuchtem Schaum sind unerläßlich, wenn Sie frische Blumen verarbeiten wollen. Allerdings haben sie keine Öse, mit der solche Kränze an Wand oder Tür befestigt werden könnten. Schützen Sie die Wand unbedingt mit einer Plastikfolie vor herabtropfender Feuchtigkeit – vor allem wenn der Kranz noch frisch ist.

1 Wickeln Sie einen mittelstarken Steckdraht zweimal um einen Bleistift, so daß eine Öse entsteht.

2 Legen Sie die Enden fest um den Kranzrohling, und verdrillen Sie sie miteinander. Überstehende Drahtenden werden abgeschnitten.

3 Umwickeln Sie die Ansatzstelle mit Floristen-Klebeband, damit alle spitzen Drahtenden verdeckt sind.

Schleifen

Es gibt zwei Grundtypen von Schleifen: geknotete und gelegte Schleifen. Beide kann man aus unterschiedlichsten Materialien binden. Bänder, Bast, Papier, Stoff, Efeu- oder Weinranken sind nur einige Vorschläge. In jedem Fall gibt eine schöne Schleife einem Kranz den letzten Schliff.

Einfache Schleife: Für die Kränze in diesem Buch sind Schleifen von 20 cm Breite gerade richtig. Dafür benötigen Sie etwa 1,5 m Band. Nehmen Sie lieber etwas mehr – das ist besser, als wenn das Band am Ende doch zu kurz ist.

1 Legen Sie das Band etwa auf einem Drittel seiner Länge zu einer Schlaufe.
2 Schlingen Sie das zweite Bandende so um die Schlaufe, daß eine zweite Schlaufe entsteht. Mit einer solchen Schleife binden Sie sich auch die Schuhe zu.
3 Schneiden Sie die Bandenden schräg ab. Bei breitem Band sieht auch ein keilförmiger Einschnitt schön aus. Damit er symmetrisch ausfällt, falten Sie das Bandende der Länge nach zur Hälfte und schneiden es dann schräg ab. Beim Aufklappen entsteht die ‚Fischschwanz'-Form.

Gelegte Schleife: Bei dieser Technik benötigen Sie für eine 20 cm breite Schleife etwa 3 m Band.

1 Legen Sie zunächst etwa 30 cm von einem Bandende entfernt eine Schlaufe. Dann biegen Sie das längere Bandende so zurück, daß auch auf der anderen Seite eine Schlaufe entsteht.

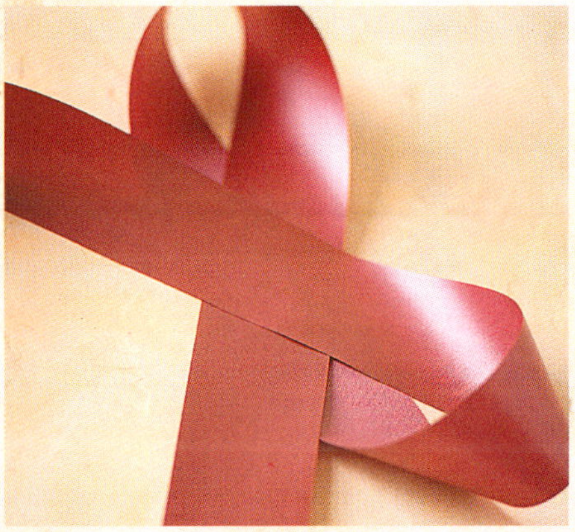

2 Fahren Sie fort, bis auf jeder Seite drei oder vier Schlaufen entstanden sind. Halten Sie das zusammengelegte Band in der Mitte gut fest. Das Ende des Bandes sollte noch etwa 30 cm herabhängen.

3 Nehmen Sie ein etwa 20 cm langes Stück des gleichen Bandes, und knoten Sie es fest um die Mitte der gelegten Schlaufen. Alle vier Bandenden werden schräg oder V-förmig abgeschnitten.

4 Um eine Schleife zu drahten, brauchen Sie nur einen Steckdraht hinter dem Knoten durchzuschieben und die Enden zu verdrillen.

Kränze verschenken

Alle Kränze können ganz persönliche Geschenke sein, weil ein Kranz genau auf den Geschmack des Empfängers zugeschnitten werden kann. Ein Kräuter- oder ein Chilikranz ist das Richtige für einen Hobbykoch, ein Kranz mit kleinen Büchern ist perfekt für eine Leseratte, ein Kranz mit vielen Nähutensilien freut eine Hobbyschneiderin. Der Phantasie sind keine Grenzen gesetzt.

Ganz gleich, für welchen Kranz Sie sich entscheiden: Auch die Verpackung spielt eine Rolle. Die meisten Kränze sind recht empfindlich, darum sollte die Verpackung auch Schutz bieten. Praktisch sind flache Kartons, wie sie z. B. zum Verpacken von Obst und Gemüse verwendet werden. Auch Deckel von Blumen-Transportkartons eignen sich sehr gut. Fragen Sie einmal im Blumengeschäft, oft werden solche Deckel weggeworfen.

1 Wenn Sie eine passende Schachtel gefunden haben, beziehen Sie sie mit Geschenkpapier. Am schönsten ist Papier, das farblich mit dem Kranz harmoniert.

2 Legen Sie die Schachtel mit geknülltem Seidenpapier aus, und plazieren Sie darauf vorsichtig den Kranz. Hüllen Sie das Ganze dann in Zellophan, und kleben Sie die Ecken mit transparenten Klebestreifen fest.

3 Zum Schluß dekorieren Sie das Paket noch mit farblich passendem Band und einem schönen Geschenkanhänger. Zum Federkranz paßt eine Feder, die in die Schleife geschoben ist, zum Goldkranz ein vergoldetes Blatt auf weißem Karton.

Bezugsquellen

Die in diesem Buch verwendeten Bastelmaterialien sind im gut sortierten Fachhandel sowie in den Hobbyabteilungen zahlreicher Baumärkte zu finden. Auch manche Blumengeschäfte bieten z. B. Kranzrohlinge und Bindematerialien an. In der Regel können ausgefallenere Materialien dort auch bestellt werden.

Da das Kranzbinden um die Adventszeit eine besondere Tradition hat, halten viele Geschäfte in der Wintersaison ein größeres Sortiment an entsprechenden Zutaten bereit. Es kann sich lohnen, dann einen kleinen Vorrat anzuschaffen.

Für weitere Materialien empfiehlt es sich, in Haushaltswarengeschäften, Kurzwarenhandlungen und Stoffläden zu stöbern. Gewürze finden Sie im Supermarkt, oft aber auch auf Märkten zu günstigen Preisen.

Danksagung

Ich bedanke mich besonders bei Ron, für dessen großartige Kuchen sich das frühe Aufstehen jeden Montag wieder lohnt. Einen herzlichen Dank auch an alle anderen bei John Austin and Company Ltd.

Vielen Dank Dave, David und Graham von A & F Bacons.

Dank an Sandra Lane für die Herstellung der Kränze in diesem Buch. Die Arbeit mit ihr hat Spaß gemacht. Ich habe immer wieder gestaunt, wie faszinierend selbst die einfachsten Schritt-für-Schritt-Fotos aussehen können.

Ros Jones, Kate Rowland, Jo und Risto Gronmark, Edward Butler, Clare Baker, John Charlton und Fiona und Christopher Morrison danke ich für all ihre Hilfe und Ermutigung.

Auch meinen Eltern danke ich, weil sie mich mit ihrer Begeisterung seit Gründung meiner Firma Tiger Rose unterstützt haben.

Ein besonderer Dank geht an Philip, ohne den ich Tiger Rose nie gegründet hätte und der in guten und schlechten Zeiten immer da war und nie an mir gezweifelt hat. Danke.

Register